朱自清的踪迹

奔波在江南

陈武

著

中国文史出版社

图书在版编目（CIP）数据

奔波在江南 / 陈武著 . -- 北京 : 中国文史出版社，2022.9

（朱自清的踪迹）

ISBN 978-7-5205-3700-1

Ⅰ . ①奔… Ⅱ . ①陈… Ⅲ . ①朱自清（1898-1948）—生平事迹 Ⅳ . ① K825.6

中国版本图书馆 CIP 数据核字 (2022) 第 170112 号

责任编辑：金　硕　胡福星

出版发行	中国文史出版社	
社　　址	北京市海淀区西八里庄路 69 号院　邮编 :100142	
电　　话	010-81136606 81136602 81136603 81136642（发行部）	
传　　真	010-81136655	
印　　装	阳谷毕升印务有限公司	
经　　销	全国新华书店	
开　　本	880×1230　1/32	
印　　张	8	
字　　数	145 千字	
版　　次	2023 年 3 月北京第 1 版	
印　　次	2023 年 3 月第 1 次印刷	
定　　价	58.00 元	

前　言

　　朱自清在《我是扬州人》一文里说："我家是从先祖才到江苏东海做小官。东海就是海州，现在是陇海路的终点。我就生在海州。四岁的时候先父又到邵伯镇做小官，将我们接到那里。海州的情形我全不记得了，只对海州话还有亲热感，因为父亲的扬州话里夹着不少海州口音。"

　　朱自清出生于 1898 年 11 月 22 日。曾祖父朱子擎原姓余，少年时因家庭发生变故而被绍兴同乡朱姓领养，遂由余子擎改名朱子擎。朱子擎成年后，和江苏涟水花园庄富户乔姓人家的女儿成婚，并定居于花园庄，儿子出生时，为纪念祖先而起名朱则余。朱则余就是朱自清的祖父，娶当地吴氏女生子朱鸿钧。朱则余在海州做承审官时，朱鸿钧一家随父亲在海州定居生活。在朱自清出生的第四年，即 1901 年，朱鸿钧到高邮邵伯镇（后归江都）做一名负责收盐税的小官，朱自清和母亲一起到邵伯生活。1903 年，朱则余从海州任上退休，朱鸿钧在扬州赁屋迎养，从此便定居扬州。1916 年秋，朱自清考入北京大学预科，一年后转读本科哲学系，并于 1920 年 5 月毕业。大学读书期间，朱自清受新思潮的启发和鼓舞，积极参加文学社团，从事文学创作，并全程参与以北京大学为中心的五四学生爱国运动。大学毕业后的五年时间里，他一直在江南各地从事中学教学和文学创作，结交了叶圣陶、俞平伯、郑振铎、丰子恺、朱光潜等好友，创作了大量的白话诗、散文和教学随笔，为开辟、发展新文学创作的道路，做出了可喜的成绩和贡献。1925 年暑假后，朱自清任清华大学教授，从此开始了一生服务于清华的道路。朱自清的学生季镇淮在纪念朱自清逝世三十周年座谈会上说："清华园确实是先生喜爱的胜地。新的环境安排了新的生活和工作。由于教学的需要，先生开展古代历史文化的研究，自汉字、汉语语法、经史子集、诗文评、小说、歌谣之类，以及外国历史文学，无所不读，无不涉猎研究，'注重新旧文学与中外文学的融合'，而比较集中于中国文学史、中国文学批评史的研究和当代文学评论。"

1937 年七七事变，是中国近代史上的一个转折点，也是朱自清生活的一个节点，随着清华大学的南迁，朱自清也一路迁徙，从长沙，到南岳，再到蒙自，再到昆明，一家人分居几处，生活的艰难可想而知。随着抗日战争的不断深入，国民党统治区的物价不断飞涨，朱自清家的生活也陷入了贫困，朱自清的身体健康日益恶化。但朱自清在写作、教学和研究中，依然一丝不苟，奋力拼搏，一篇篇散文和研究文章不断见诸报刊，一本本新书不断出版，表现了一个中国作家、学者的韧劲和自觉。

抗日战争胜利后，朱自清于1946年随着清华大学复员而回到北平，朱自清自觉地加入民主运动，在研究和写作中体现了正直的知识分子的立场，在贫病交加中，由一个坚定的爱国主义者，成为一个革命民主主义者，签名拒绝领取美国救济粮，朱自清在"美帝国主义和国民党反动派面前站了起来"，表现了有骨气的中国人的传统美德和英雄气概。

朱自清一生所处的时代，是近代中国人民觉醒的时代，也是中国社会发生巨大转折的时代，朱自清没有迷失自我，坚定自己的创作、研究和教学，培养了一大批正直的知识分子和社会建设人才，留下了数百万字的作品，成为中国文化的巨大财富。

作为同乡前辈，朱自清一直是我崇敬的偶像，同时我也很早就关注了他的作品。早在1996年，《朱自清全集》在江苏教育出版社出版的时候，我就买了一套，放在书橱最显眼又顺手的位置，随时可以取出来翻一翻、读一读，读他的文学作品、学术专著、语文随笔、旧体诗词，每一次都会有不一样的感受。记得在读叶圣陶的文章《朱佩弦先生》时，说到朱自清的作品，有这样的评论："他早期的散文如《匆匆》《荷塘月色》《桨声灯影里的秦淮河》都有点儿做作，太过于注重修辞，见得不怎么自然。到了写《欧游杂记》《伦敦杂记》的时候就不然了，全写口语，从口语中提取有效的表现方式，虽然有时候还带一点文言成分，但是念起来上口，有现代口语的韵味，叫人觉得那是现代人口里的话，不是不尴不尬的'白话文'。"读了这段话，我还特地把《匆匆》等三篇文章重读一遍，再对照着读《欧游杂记》《伦敦杂记》，认真领会了叶老的评论，真是受益匪浅。当我写作累了的时候，或偷懒、懈怠的时候，《朱自清全集》也仿佛会开口说话一样，用严肃的语言督促我，叫我偷懒不得。真正想对朱自清做点研究，是在2000年，当时我在一家报纸的文学副刊做编辑，对于副刊知识也了解了一些，知道许多文学大师当年的文章都是发表在各种文学副刊上的。于是便下功夫，搞了几个专栏，有特色的是"苍梧片影"等，也有整版的关于连云港名人或地方文化的专刊，几年之中，渐成规模，受到当地文坛的注意。在多年的文学编辑中，总是想着要写一写关于朱自清的文章，恰好文友刘成文先生也有这个意向，我们便合作了一篇，正是关于朱自清的。这篇文章的题目已经忘了，当时发了一个整版，还配了几幅图片。文章发表后，受到不少朋友的鼓励和好评，想再接再厉，多写几篇。于是更加留意朱自清的相关评论和回忆史料，和朱自清同时代作家的作品和年谱、评传也买了不少，揣摩那一代作家的人格魅力和作品风格。虽然后来没有继续研究，文章也没写几篇，但通过这样的工作，对朱自清又有了更多的了解，崇敬之情也加深了一层。

真正坐下来专心研究朱自清，写作关于朱自清的文章，还是在 2013 年下半年。我的所谓"研究"，实际上就是更多、更广泛的阅读，包括朱自清的原著，亲属的回忆文章，早年的自编文集和后来出版的各种版本的作品集，各种纪念集和他师友、学生写的种种纪念文章，同时也着手写点心得体会。由于我是半路出家，也摸不到研究的门径，所写的文章都是随笔性质的。断断续续近十年下来，所得文字已经不少。2018 年还把其中的一部分出版了两三本小书。2022 年春，中国文史出版社想把朱自清一生的人生经历和创作、研究经历全部呈现给广大读者，我又利用半年时间，把这些文字进行修订和补充，以"朱自清的踪迹"为线索，分为六个部分，即《从海州到北大》《奔波在江南》《清华园里尽朝晖》《游学欧罗巴》《西南联大日月长》《休假在成都》，单独成书。但由于本人水平有限，研究不深，不免会有各种错误，希望读者朋友不吝赐教。如有机会再版，一定补充完善。

需要说明的是，本书参考文献较多，引文中所引的朱自清的文字，均出自《朱自清全集》（江苏教育出版社 1988 年版陆续出齐），对于朱自清文章中的一些异体字和假通字以及原标点等照原样予以保留，比如"象""底""勒""沈弱""气分""甚么""晕黄"等，特此说明。

2022 年 9 月 18 日于北京像素

目 录/*CONTENTS*

附　录

初到"一师"

1

1920 年 5 月，朱自清从北京大学哲学系毕业。

机缘留给一切有准备的人。此话在朱自清身上再一次得到验证。朱自清从北京大学毕业不久，就到浙江一师任教了。

朱自清能到浙江一师任教，还要从浙江一师的学潮说起。1920 年初，"一师"的学生施存统在《浙江新潮》上发表《非孝》一文，对孔孟之道发起攻击，触怒了当局。浙江省教育机构、省议会指责校方和教师支持学生运动，要有人出来负责，解聘被称为"四大金刚"的四名国文教员刘大白、夏丏尊、陈望道、李次九，并且还要罢免校长经亨颐。此事让"一师"

学生特别愤怒，坚决反对撤换校长和四位老师，掀起了轰动全国的学生运动，甚至还轰走了准备继任的校长。当局采取更极端措施，动用武力，派警察包围并企图解散学校。经过学生的激烈斗争，当局的计划未能得逞，但校长和"四大金刚"却因此而相继离职。后在北京大学代理校长蒋梦麟的调停下，风潮得以平息。就这样，刚刚从北京大学毕业的朱自清在蒋梦麟的推荐下，和俞平伯一起去了浙江一师担任国文教师。朱自清、俞平伯和刘延陵、王淮军一起又并称"后四大金刚"。

这次任教，对于朱自清来说，是他人生的重要一步，不仅是高起点的工作，还结识了一批趣味相投、学问精深且性格同样温和、厚道、笃实的终生好友。

2

刚一踏上教师岗位，讲课自然是主要的工作，或许是由于天性使然，也或许是过于认真谨慎，朱自清无论是备课还是讲课都是一丝不苟，以至于到了刻板的程度。他的学生魏金枝先生在《杭州一师时代的朱自清先生》里回忆说："他那时是矮矮胖胖的身躯，方方正正的脸，配上一件青布大褂，一个平顶头，完全一个乡下土佬。说话呢，打着扬州官话，听来不甚好懂，但从上讲台起，便总不断地讲到下课为止。好像他在未上课之前，早已将一大堆话，背诵过多少次。又生怕把一分一秒的时间荒废，所以总是结结巴巴地讲。"这段话很形象，也很生动，把朱自清的身材、长相、穿着以及讲课的神态，都淋漓尽致地表现了出来，同时也从一个侧面，说明他对所教课程的重视，虽然略有结巴，却不愿荒废掉一点时间，"然而由于他的略微口吃，那些预备好了的话，便不免在喉咙里挤住。于是他就更加着急，每每弄得满头大汗"。当时"一师"学生的年龄参差不齐，高年级的同学"大的竟有二十七八岁……普通的都是二十里外，这对一个大学新毕业二十二三岁的先生，在外表上确乎是一个威胁，所以一到学生发问，他就不免慌张起来，一面红脸，一面结结巴巴地作答，直要到问题完全解决，才得平舒下来。就为了这缘故，倒弄得同学们再也不敢发问；真的要问，也只好跑到他的房间里去问了"。跑到房间里又怎么样呢？魏金枝继续写道："他也还是那样局促不安的神情，全是一副乡下小户人家待客那样巴结的局面，让坐，倒茶，勤勤恳恳地招待，规规矩矩地谈话，全无那时一师脱落形迹的风气。"这段话，并不是对朱自清的奚落或贬低，相反的，却是极高的评价。那是一个紧接着五四的时代，有不少的大学毕业生，一

年轻时的朱自清

踏上社会便趾高气扬、不可一世，炫耀、浮夸之风在一部分学校中大有人在，就连"一师"的风气也是"脱落形迹"的。魏金枝也不无感叹地说："……那时，一切泡沫，都可以冒充浪潮。"而朱自清近乎苛刻的严谨，为人师表的作风，小心谨慎的处事，却像另类的阳春白雪。朱自清有学历有学问，也是一位在全国渐有名气的新诗人，他在学生面前不恃才傲物，不目空一切，不盲目自大，而是像"小户人家待客那样"地面对学生，还给学生让座、倒茶，这是一种谦逊的君子风度，那么年轻就能做到这样，真是很不容易的，对学生的成长、成才，势必也会有很大的影响。

曹聚仁在《哭朱自清先生》里是这样描写的："朱先生踏进了教室，他并不知道我们在这里玩了一年多道尔敦制，国文课便是社会问题讨论课；他刚出大学的门，一本正经上课；他口微吃，讲得很快，很吃力，一头大汗，而我们的反应，非常'淡漠'。在我们徘徊于大而无当的社会问题讨论与一本正经的文艺之间，十字街头，无所适从。"又说："我们谈到朱先生，不禁想起他那双胖胖的温润的手，手背上十个小窝。他是敦厚笃实的人，什么纸糊帽子都不大合他的头寸，用我常用的考语来说，他是开明型的思想家。"称朱自清为"开明型的思想家"，这个评价出自著名报人、散文家之手，可信度更高，朱自清的精神风貌，也更加让人景仰。

郑振铎在《哭佩弦》一文中，也进一步证实了他的这一做人和讲课的风格。他写道：朱自清"从来不肯马马虎虎地教过去。每上一堂课，在他是一件大事。尽管教得很熟的教材，但他在上课之前，还须仔细地预备着。一边走上课堂，一边还是十分的紧张"。接着又说："这样负责的教员，恐怕是不多见的。"为什么"紧张"？就是一种负责的精神，一种忧患的意识——生怕讲不好，势必会更多地用功，更周详地备课，更努力地讲。

3

　　和俞平伯的相识到相知而成为好友，无疑是朱自清来"一师"任教的重大收获。俞平伯出身书香世家，旧学功底深厚，年纪轻轻就有名士派，而且早在1918年就开始在《新青年》发表新诗了，此后在《新青年》《新潮》等报刊上常有新诗、散文发表，甚至还在《新潮》上发表了两篇白话小说。俞平伯的成就，对于朱自清来说，相当于"同学老前辈"了，所以刚一成为同事，朱自清便将自己手订的新诗集《不可集》拿给俞平伯看，算是请教吧。这是一本"手抄本"，是朱自清自己的创作集，大约不少诗还略显稚嫩。俞平伯后来说："在杭州时，我开始作新诗，朱先生也正开始作，他认为我的资格比他老，拿他作的新诗给我看，他把他的诗名为'不可集'，用《论语》'是知其不可而为之欤'的意思，近似适之先生《尝试集》的含意。这个集名还是没有用，但我们的关系却一天一天地深了。"俞平伯也是谦逊的，他把自己放在和朱自清平等的位置上，实际上，俞平伯虽然比朱自清小2岁，在北大毕业却比朱自清早一年，发表作品也确实比朱自清更早，而且一出手就是在颇受瞩目的《新青年》杂志上，加上他的家学背景和处事作风，朱自清自然会从内心里钦佩俞平伯了。

从此，两位青年正式订交，经常一起讨论新诗的创作和发展，二人的作品也层出不穷，轮番发表。我注意查阅了那一时间朱自清和俞平伯的诗文创作，从1920年9月开始，至1921年6月，朱自清共创作新诗《秋》《不足之惑》《纪游》《送韩伯画往俄国》《沪杭道中》《自白》《依恋》《冷淡》《心悸》《旅路》《人间》《湖上》《转眼》共十三首，另外还有几篇散文。俞平伯创作了《送辑斋》《潮歌》《题在绍兴柯岩照的相片》《乐观》《在路上的恐怖》《无名的哀思》《屡梦孟真醒来长叹作此寄之》《蜡梅和山茶》《太湖放歌》《哭声》《黄鹄》《莺儿吹醒的》《北京的又一个早春》《风尘》《不知足的我们》《俳谐愤言》《春里人的寂寥》《破晓》共十八首以及部分散文。二人的创作成果都很丰硕。虽然之前他们都创作了不少新诗，也在杂志上发表过，但自从相交于浙江一师后，在相互探讨和鼓励之下，创作都呈现了"井喷"的态势。

新诗那时候还是时髦的东西，从胡适的第一首白话诗开始，也不过三四年的光景，从语言到形式，还不太成熟，许多诗人都在探讨、摸索和学习中。朱自清能够和好友共同研习新诗，共同进步，实在是遇上了好时机。此外，二人还写作了多篇旧体诗、评论和其他杂稿。而俞平伯开始了对《红楼梦》的研究。朱自清更是写出了一生中唯一的两部短篇小说《笑的历史》和《别》。

4

《别》在朱自清不多的小说作品中，是较成熟的一篇。这篇小说写毕于1921年5月5日，发表在7月10日《小说月报》第12卷第7号上。小说描写了一个青年教师和他的妻子因为生活所迫，又不得不分手的故事。小说故事质朴，笔调委婉、细腻。不久后，这篇作品就被收入"文学研究会丛书"第五种《小说汇刊》（商务印书馆1922年5月版），有了更多的读者。结合朱自清当时的家庭生活，小说有可能源自他自己的心路历程。朱自清刚来"一师"时，是偕妻子和长子朱迈先一同前来的，在写这篇小说时，妻子正待产（长女采芷生于5月8日）。而他教书所赚的薪水，除了留下少部分自己花销外，大部分都寄给了扬州的老家，所以，他的生活负担很重。这篇小说也算是"有感而发"吧。

小说发表后，引起了不小的反响，茅盾说："就我看来，《别》是一篇极好的小说，但一般人或许要说他'平淡'。"（《评

〈小说汇刊〉》，1922年7月11日《文学旬刊》）陈炜谟也说："他这篇《别》如他的诗一样，初看起来似乎平淡，但仔细咀嚼，就像吃橄榄一样，觉得有味了。"（陈炜谟《读〈小说汇刊〉》，1922年12月10日《小说月报》第13卷第12号）一直以来，朱自清别的作品被多次研究，鲜有人研究他的小说，这多半是朱自清早年以诗和散文见长，特别是散文，后来以学术名世，小说创作不再继续了，就是一些文学选本里，也不再关注他的小说，甚至一些年轻的读者，都不知道朱自清还写过小说。好在中国书籍出版社在"中国书籍文学馆——大师经典"书系里有一本《朱自清精品选》（2014年6月出版），收了两篇小说，一篇《笑的历史》，另一篇就是《别》，弥补了这一缺陷。而事实上，朱自清的短篇小说不止这两篇，他的《新年底故事》《阿河》《飘零》也可以当作短篇小说来读。在说到自己的小说创作时，朱自清曾在《背影》的序里说："我写过诗，写过小说，写过散文。二十五岁以前，喜欢写诗，近几年诗情枯竭……短篇小说写过两篇。现在翻出来看，《笑的历史》只是庸俗主义的东西，材料的拥挤像一个大肚皮的掌柜；《别》的用字造句，那样扭扭捏捏的，像半生不熟的病人，读着真怪不好受的。我觉得小说非常地难写；不用说长篇，就是短篇，那种经济的、严密的结构，我一辈子也学不来！"又说集子中的"其中两篇，也许有些像小说；但你最好只当作散文看，那是彼此有益的"。朱自清这里所说的两篇，就是我前边提到的《阿河》和《飘零》。特别是《阿河》，无论是结构、故事、人物塑造，还有所表达的思想和意味，都是一篇正宗的小说。可能实在是对小说写作的"知难而退"吧，才把这两篇作品当作散文了。

5

刚刚工作的朱自清，虽然家累较重，还要教书、创作，但毕竟是年轻人，参与学生的聚会、和学生一同出游，和好友谈诗论文、荡舟西湖等，必是少不了的。多年以后，朱自清诗中的"明圣湖边两少年""随时结伴小游仙"，就是说他和俞平伯的。俞平伯和朱自清一样，也是在读大学期间就结婚了的，小家就在杭州，又是同事。所以，不仅可以交流学问、探讨创作，还经常结伴游玩。

朱自清也会和其他朋友或学生出现在杭州的各个名胜景点。

他的那首《湖上》新诗，就是他在游西湖时，看到游船上一群天真烂漫的少女给人们带来的喜悦而创作的。至于其他名胜，如天竺山、灵隐寺、韬光、玉泉、北高峰等都去玩过。他

1921 年，朱自清（左一）在浙江一师与友人合影

的新诗《纪游》，写的就是和学生张维祺游天竺山等地的事。杭州好玩的地方太多了，仅一个天竺山，就可好好地待上半天，"韬光可观海，天竺则观山"。山湖丽景是杭州最美的景色，徜徉在天竺山麓，会被四周诱人的山峦秀色所迷惑。从灵隐合涧桥旁循路而行，山色扑面而来，盆景一样移步换景，崖陡谷深，曲涧幽静，间或有溪水淙淙，像一首天籁之音在耳边萦绕，山岚云影如彩带般飘忽而过，时而如立轴画屏，时而又如泼墨写意，极富情趣。朱自清和朋友们流连于此，自然会激发灵感，诗兴大发了。《沪杭道中》虽不是记游诗，

同样有着记游的色彩，对道路两侧乡野风光的描写非常的优美动人，我们可以摘引一下，来领略一百多年前江南五月的乡村风貌：

雨儿一丝一丝地下着，

每每的田园在雨里浴着，

一片青黄的颜色越发鲜艳欲滴了！

青的新出的秧针，

一块块错落地铺着；

黄的割下的麦子，

把把地叠着；

还有深黑色待种的水田，

和青的黄的间着；

好一张彩色花毡呵！

一处处小河缓缓地流着；

河上有些窄窄的板桥搭着；

河里几只小船自家横着；

岸旁几个人撑着伞走着；

那边田里一个农夫，披了蓑，戴了笠，

慢慢地跟着一只牛将地犁着；

牛儿走走歇歇，往前看着。

远远天和地密密地接了。

苍茫里有些影子，

大概是些丛树和屋宇吧？

却都给烟雾罩着了。

我们在烟雾里、花毡上过着；

雨儿还在一丝一丝地下着。

即便是用今天的诗歌趣味来欣赏朱自清的这首抒情诗，依然同样会被五月江南的乡村民俗和野间风姿所感动，那层层递进的美景和细雨中的田园风光，是不是通过朱自清朴素而精准的文字，呈现在我们的面前了呢？

6

初来杭州，朱自清还参加了绍兴旅杭同乡会的几次活动。

朱自清虽然出生海州，长在扬州，籍贯上却一直填着浙江绍兴，绍兴同乡会的活动他自然十分的热心，1920 年 11 月 28日，他还为同乡会主办的小型报纸《越声》撰写了发刊词。这篇发刊词，朱自清极其用心，带有些许哲学的思辨，在说明办刊的宗旨是"联络乡谊，交换知识"后，又进一步阐述说："这里我们将本乡看作是世界底一部，和别部并存的，而且互相影响的一部，并没有该受特惠的资格；不过因为自然的、人事的环境地接近，我们先就同乡的人联络起来，做未来的人类大联合底基础，却可的。"又说："照理想说，人类都该一样相爱，没有亲疏底分别；原不必由世界一部底人们特别提出'联络乡谊'底标语，显得自外于别部似的。但是人类底爱，现在还只是理想；人们为环境所限，爱有等差，是不能免的；教他们一样相爱，一时实难办到。——有些入魔的朋友将'人类底爱'当作只是一个概念，尽管嘴里叫得响，却一些爱底表现没有；甚至原来爱着的人也不爱了。这班人只是爱了抽象的人类，又算什么呢！所以我们以为不妨从小处下手，先由局部底人们互相亲爱起来，对于别部底朋友尽量抱着'多爱少恨'底态度，这样将爱慢慢发展开去，便好。况且中国人从来像一盘散沙，爱底绵延只在小小的家庭间，或家庭里一二人间，算是狭隘极了。扩大自然该扩大的，但一下子便教他去爱人类，只怕他从来不曾觉着人类底可爱的，竟是无从爱起罢？倒是从联络乡谊着手，工夫切实些。"这番充满仁爱精神的议论，至今读来，仍然非常受益。不知为什么，这么一篇优美的、带有哲学意味的文字，在朱自清多次编辑散文集时，都没有被收入。

如果有朋友来访，他更是悉心接待。川岛从北京来杭，"住在钱塘江边南星的一个类似过塘行的小客栈里"。朱自清知道后，劝他搬到了西湖边的一家条件较好的旅馆里，并还在生活上给予一定的照料。之外，还陪他一起逛西湖，为他解决遇到的问题，聊得也嗨，"上天下地的谈"，真是无微不至。（川岛《不应当死的又死了一个——悼佩弦》）

初踏上社会的朱自清，就来到新文化气氛甚浓的浙江一师，这里既是他一生服务于教育界的开始，也是他文学创作的出发地。正可谓"风正起，合当奋意向人生"。

任职扬州省立八中及其"风波"

朱自清在浙江一师教了一学年书，于第二年暑假（1921）回扬州度夏时，在父亲的劝说下，受聘于江苏省立第八中学任教并担任教务主任。

江苏省立第八中学是朱自清的母校，前身叫扬州两淮中学，习惯上称"扬州八中"。

朱自清是 1912 年从扬州安徽旅扬公学高小毕业考入"八中"的，他在许多文章中都提到过"安徽旅扬公学"这所小学，在《我是扬州人》一文中还特地说到他的小学老师："我的英文得力于高等小学里的一位黄先生，他已经过世了。还有陈春台先生，他现在是北平著名的数学教师。两位先生讲解英文真清楚，启发了我学习的兴趣。"朱自清这里用"清楚"二字，而且是"真清楚"，简朴又明朗。接着又提到他私塾的老师戴子秋先生，"也早过世了，我的国文是跟他老人家学着做通了的"。这里的"做通"也很妙。如果换一种说法，可能要有一堆文字来叙述，还不一定说得清楚，这"做通"简直就是神笔。"国文"，即"本国的文学及作品"。1905 年清朝废除科举制后，新式学堂中唯一保留的中国传统科目，就是"国文"。但是，普通人对"国文"的理解，却又多一层意义，即"国学"和"语文"的合称，前者通常是指以先秦经典及诸子学术为根基，涵盖了两汉经学、魏晋玄学、宋明理学和同时期的汉赋、六朝骈文、唐宋诗词、元曲与明清小说等一套特有而完整的文化、学术体系，甚至还包括历史、思想、哲学、地理、政治、经济乃至书法、绘画、音乐、术数、医学、星相、建筑等所涉及的范畴。那么"国文"这门博大精深、备受重视的学科，朱自清掌握得怎么样？年轻的朱自清轻描淡写又不无自信地说，"做通了"。"做通了"国文的朱自清以一个优秀的高小毕业生身份考入了省立八中，成为"八中"一名出类拔萃的优等生。他的老师李方谟先生在《我记忆中的朱自清先生》一文中描述道："我在江苏省立第八中学任乙四年级级主任时，他正做乙四年级的学生，坐在教室门内第一座，……他个子不高，圆圆的脸长得很结实，不苟言笑，不曾缺过课，他在那时喜看说部书，便自命为文学家。毕业时，校中给予品学兼优奖状。"从这段文字中，至少得出六个结论，一是长相，二是性格，三是爱好，四是学问，五是人品，六是抱负。

一个在高等小学毕业时就做通了国文，又进入了北京大学的高才生，并经过浙江一师一年教学的历练，朱自清无论是自己的内心还是外部给人的印象，都是极严谨而自信的。于是，当1921年暑假受聘于母校时，许多人都对他怀有景仰的心情。这时候的朱自清也是意气风发、心情舒畅，做事也和他的性格一样严肃、严谨而认真负责。他的学生余冠英在《悲忆佩弦师》里，有一段形象的描写："我初次见到朱佩弦先生是在民国十年，那时他新就聘扬州江苏省立第八中学教务主任，我是正要投考那个学校的小学生。就在办报名手续时认识了他，他给我的印象是矮，微胖，很和气。同时我的小学教师洪为法先生带着另一个孩子也来报名，出乎意外地他们争执起来，似乎关于保证书有什么问题。结果是洪先生悻悻而去。当时我觉得这位教务主任表面谦和，实在是很严厉的。"当时还是孩子的余冠英印象没错，严谨、严厉、认真甚至较真，贯穿了朱自清的一生。写到这里，不禁让我想起关于朱自清和好友俞平伯交往的几个片段。其一是清华大学时期，俞平伯嫌薪水不够花，跟已是系主任的朱自清要求加工资，朱自清当然没有答应。也许在俞平伯看来，他们是好朋友又是北大校友，他还是朱自清的学兄（俞平伯虽比朱自清小，却比他早一年毕业于北大），而朱自清能到清华教书，还是俞平伯介绍的，要求增加一点工资

朱自清（二排右一）在"扬州八中"时与友人合影

也许是能够解决吧。没想到被朱自清一口回绝。俞平伯面子上抹不过去，要求辞职，当然也是辞不掉的。其二是北平沦陷期间，俞平伯率一家老小苦居北平，因只在私立大学代很少钟点的课，收入很低，生活很拮据，很无奈，恰巧有老师周作人的约稿，便在几家报刊上连续发表文章，虽然署了笔名，还是没有逃过远在西南联大任教的朱自清的眼睛，朱自清看这些报刊都有日伪背景，深感忧虑，担心好朋友被敌人所利用，毫不犹豫，千里驰书，要他立即罢手，停止供稿。俞平伯的文章都是些文史随笔或读书笔记之类，无政治倾向，原以为既应付了老师的面子，又能拿些微薄的酬金补贴家用，经朱自清的提醒和警告，方知问题的严重，便不再在这些报刊上发表文章了。所以，以朱自清的性格，既然做了母校的教务主任，就要负起责任来，新学生"保证书"不过关，当然不允许入学了。

但是也正是因为他严肃认真和性情耿直的态度，让他告别了短暂的"八中"生涯。究竟是什么原因让颇想为母校做一番事业的朱自清"愤而辞职"呢？在1921年11月4日写作的杂感《憎》里，朱自清告诉了我们事情的原委：

> ……同事们多是我的熟人，但我于他们，却几乎是个完全的生人；我遍尝漠视和膜视底滋味，感到莫名的孤寂！那时第一难事是拟订日课表。因了师生们关系底复杂，

校长交来三十余条件；经验缺乏、脑筋简单的我，真是无所措手足！挣揣了五六天工夫，好容易勉强凑成了。却有一位在别校兼课的，资望深重的先生，因为有几天午后的第一课和别校午前的第四课衔接，两校相距太远，又要回家吃饭，有些赶不及，便大不满意。他这兼课情形，我本不知，校长先生底条件里，也未开入；课表中不能顾到，似乎也"情有可原"。但这位先生向来是面若冰霜，气如虹盛；他的字典里大约是没有"恕"字的，于是挑战底信来了，说什么"既难枵腹，又无汽车；如何设法，还希见告！"我当时受了这意外的、滥发的、冷酷的讽刺，极为难受；正是满肚皮冤枉，没申诉处，我并未曾有一些开罪于他，他却为何待我如仇敌呢？我便写一信复他，自己略略辩解；对于他的态度，表示十分的遗憾：我说若以他的失当的谴责，便该不理这事，可是因为向学校的责任，我终于给他设法了。他接信后，"上诉"于校长先生。校长先生请我去和他对质。狡黠的复仇的微笑在他脸上，正和有毒的菌类显着光怪陆离的彩色一般。他极力说得慢些，说低些："为什么说'便该不理'呢？课表岂是'钦定'的么？——若说态度，该怎样啊！许要用'请愿'罢？"这里每一个字便像一把利剑，缓缓地，但是深深地，刺入我心里！——他完全胜利，脸上换了愉快的微笑，侮蔑地看着默了的我，我不能再支持，立刻辞了职回去。

从这篇文章中已经完全知道事情的因果了。诱发朱自清辞职的，是"八中"一位老资格的教师，他因在另一所学校兼课，两校相距又比较远，影响了他吃午饭。这实在是一场误会，因为初来乍到的朱自清并不知情，排课时没有考虑到这层因素，校长也没有提醒，所开列的三十多个注意事项里也没有注明。但朱自清接到老先生的信后，还是立即做了调整，并给老先生回了封信。但老先生得了信，仿佛得到了朱自清"失职"的证据，不依不饶、盛气凌人地告到了校长那儿。老于世故的校长不做解释，并曲意袒护了那位老先生。朱自清对对方那"刺入我心里"的完全胜利的微笑难以接受，只好愤而辞职。

朱自清对扬州有着深切的情感，虽然不喜欢扬州人的"小气"和"虚气"，毕竟那里是他的成长之地，私塾、小学都在那里度过，留下很多美好的记忆，特别是四年"八中"的学习生活，不仅使他心智逐渐地成熟，扬州东方古典式的文化生活也渗透到他的精神世界里，更留下他许多美好的记忆。小学时他曾和几个小伙伴准备到庙里去打桃子吃，结果桃树正是开花的季节，桃子没吃成，喝了一肚子茶而归。中学时喜欢逛书铺，买书、读书一时成了他的"嗜好"，他在《买书》里曾写道："家里每月给零用一元。大多数都报效了一家广益书局，取回些杂志及新书，那老板姓张，有点儿抽肩膀，老是捧着水烟袋；可是人好，我们不觉得他有市侩气。他肯给我们这班孩子记账。每到节下，我总欠他一元多钱。他催得并不怎么紧；向家里商量商量，先还个一元也就成了。那时候最爱读的一本《佛学易解》（贾丰臻著，中华书局印行）就是从张手里买的。那时候不买旧书，因为家里有。只有一回，不知哪儿检来《文心雕龙》的名字，急着想看，便去旧书铺访求：有一家拿出一部广州套版的，要一元钱，买不起；后来另买到一部，书品也还好，纸墨差些，却只花了小洋三角。"所以朱自清从杭州一回扬州，便在父亲的关照下（朱父和"八中"校长李荃先生是老相识）近乎迫不及待地应聘到母校，本想干一番事业的，他甚至还满怀激情地为"八中"写了校歌，而且歌词真是好，其中有这样的句子："浩浩长江之涛，蜀冈之云，佳气蔚八中。人格齐全、学术健全，相期自治与自动。"没想到却当头挨了一棒，正是栽在"人格"上，这当头一棒，让朱自清着实清醒了不少。但说起辞职的原因，他也并未隐瞒，在给俞平伯的信里如是说："我在八中因为太忙了，教员学生也都难融洽。几经周折，才脱身到此。现在在中国公学教国文……"

可能是因为人都有其双面性吧，通过别人的文章，可得知扬州江苏八中的校长李荃先生（1883—1927）是个有成就的教育家，号更生，李公泽有一篇《追求革新的爱国教育家李更生》，文中高度赞扬他一生从事教育、提倡爱国，还不断探索教育新机制，将"八中"单轨制改为双轨制，千方百计聘请优秀教师。另外，还有史文的《李更生校长踪迹略忆》、张云谷的《忆先师李更生先生》、陈广沅的《扬州八中求学记》，这些文章，从各个方面记叙了李荃赤诚办教育的执着、勤勉和有方。他能请到已经任教浙江一师的北大高才生朱自清回母校任教并委以教务主任的重任，说明还是重视人才的，只不过在朱自清和一名有资格的老教师发生冲突时"和了一次稀泥"，没有处理好罢了。或者，在校长一方，两边都不得罪，也许是他一贯的处事风格吧，而年轻气盛并有大理想大抱负的朱自清，并不吃这一套而已。

另外，朱自清离开"八中"可能还有一层因素，也算是"风波"之一吧，即经济上不能完全独立。朱自清在《笑的历史》里，对家庭经济从宽裕到困难，有一个大致的描述——早先，因为祖父积攒些钱财，加上父亲一直做小官，有固定的收入，"家里的钱是不缺的，大家都欢欢喜喜地过着"。但好景不长，祖父因被敲诈病逝后，父亲也于1917年失去了官差，断了经济来源，此后两三年时间里，一家人靠支借生活，朱自清自然是看在眼里的。所以当他在"一师"工作后，便将自己收入的一半寄给了家中，"他们哪里会满意！况你的寄钱，又没有定期，家里等着用，又是焦急！婆婆便只向我啰嗦，说你怎样不懂事，怎样不顾家，怎样只管自己用"。"前年暑假你回来了，身边只剩两个角子，婆婆第一个不高兴，她不是尽着问你钱到哪里去了么？你在家三天，她便唠叨了三天，你本来不响的，后来大约忍不住了。也说了几句。她却和你大吵，第二天，你赌气走了。"（《笑的历史》）这些话虽是小说之言，也是朱自清家里的事实——不是因为别的，就是因为经济紧张。

朱自清的父亲朱鸿钧是个老式的家长，虽然只领了朱自清一个月的工资，竟要求校长以后把儿子的工资直接送到家里，不给朱自清一点自主支配的权力。这让朱自清当然难以接受了。其实朱自清是知道家里债台高筑的，如果父子讲清楚了，也不至于为这个事情而闹矛盾。摆在眼前的事实是，就在不久前，朱自清的二弟朱物华从扬州八中毕业，同时被南京高等师范和上海交通大学录取。朱鸿钧希望朱物华能读师范，将来可以像朱自清一样教书。但朱物华喜爱工科，想读上海交通大学。朱自清得知二弟的志向后，支持二弟的选择，还省吃俭用从自己不多的薪水中拿出钱来资助二弟的学业。朱自清此举，成就了朱物华在中国科学界的地位。他在获得清华"庚款留美"资格后，入麻省理工学院、哈佛大学，获得博士学位，最终成为一名著名的科学家和中国水声学奠基人之一。所以从这一角度看，朱自清是能够理解父亲代领工资的行为的。

算起来，从暑假就聘于扬州八中，到暑假开学不久后就辞职（给俞平伯写信是 1921 年 9 月 23 日，那时候他已经到上海中国公学任教了），满打满算也不到三个月时间，却让朱自清认识了一些人的真实面目，这给初踏上社会的朱自清，上了一堂深刻的社会生活课，也给他此后的工作生活积累了经验，从这个角度去看，"八中"的经历也算是一件好事吧。所以，当不久之后，他在上海北站看到一张破芦席下盖着一个"劳动者底尸体"，又自然地联想起了"八中"的遭遇，这才有杂感《憎》的问世，才披露了他离开"八中"的真实的原因。这篇文章发表于 1921 年《时事新报》副刊《学灯》上，署名柏香，连载了几次才结束。

通过这篇文章，不仅让我们了解了朱自清在"八中"一段短暂而难忘的经历，也让我们看清了那个时代一些人的真实面目，看清了人世间普遍存在的心灵隔膜与骨子里的敌意。如果朱自清逞一时之能，留在"八中"，和那些人"斗争"下去，甚至和家庭"斗争"下去，也许他会取得一时的胜利，但他的志向不在于此，不是仅仅要做一个优秀的中学教师。

和叶圣陶订交于中国公学

上海的中国公学，在 20 世纪初及至二三十年代可谓大名鼎鼎，陆续设有大学部、中学部和小学部，不但会集了于右任、马君武、梁启超、陈伯平等一代名师俊杰，还有先后毕业于该校的胡适、郭绀琳、冯友兰、吴晗、何其芳等许多著名人士，沈从文也曾在该校任教并爱上在这里念书的张家三小姐张兆和，留下传世佳话。当然，还有后来任教的叶圣陶、刘延陵、朱自清等现代文学名家。校歌更是出自于右任、马君武二位元老之手，歌词曰：

众学生，勿彷徨，以尔身，为太阳，照尔祖国以尔光，尔一身，先自强。修道德，为坚垒；求知识，为快枪。

众学生，勿彷徨。尔能处之地位是大战场。尔祖父，思羲黄，尔仇敌，环尔旁。欲救尔祖国亡，尔先自强！

1921 年 7 月，27 岁的叶圣陶应中国公学代理校长张东荪和中学部主任舒新城的邀请，到该校中学部教国文。

此前，叶圣陶一直在苏州甪直吴县第五小学执教，和老同学王伯祥成为同事，一起成立甪直镇教育会，一起研究改革教学诸问题，并和在北大读书的顾颉刚、俞平伯过从甚密，常有书信来往，还热情地帮顾颉刚收集苏州民歌，自己也开始用白话写小说。当北京大学的文学社团"新潮"成立并创刊《新潮》杂志时，叶圣陶经顾颉刚的介绍加入了"新潮"社，成为不多的校外社员之一。他还积极给《新潮》投稿，在《新潮》上发表不少文章，诗歌、散文、政论都有，特别是小说，陆续有《这也是一个人》《春游》《秋之夜》《"你的见解错了！"》《欢迎》《不快之感》《伊和他》等多部，可以说，他第一本小集《隔膜》里的大多数小说都首发在《新潮》上。一时间，叶圣陶成为名重一时的青年小说家，鲁迅在 1919 年 4 月 16 日致傅斯年的信中说："《新潮》里的《雪夜》、《这也是一个人》、《是爱情还是苦痛》（起首有些小毛病），都是好的。"后来，鲁迅在《中国新文学大系小说二集》的导言里，再次肯定了叶圣陶的创作，称他"有更远大的发展"。

叶圣陶频频在《新潮》发表文章的这段时间里，也是新潮社成员的朱自清正在北大读书，是《新潮》的忠实读者，也是主要撰稿者。如前所述，1920年初夏，朱自清从北京大学毕业后，陆续在浙江一师、扬州江苏省立第八中学任教。1921年9月中旬，经浙江一师时的同事、也是好友刘延陵的介绍，朱自清只身从扬州前往上海，来到中国公学中学部任教员。

当时的中国公学地处吴淞口，紧挨烟波浩渺的江海接合部，风光十分美丽。在1921年10月3日给俞平伯的信中，朱自清对中国公学有一段细致的散文式的描写："公学在炮台湾，离吴淞还有一站路。炮台湾是乡间地方，弥望平畴，一碧无际，间有一二小河，流经田野中，水清波细，活活底有声音，走近了才可听得，正是'幽甜到不可说了哩！'少有人处，小鸟成群上下，见人也不惊避。黄浦江在外面日夜流着。江岸由水门汀砌成，颇美丽可走。岸近处便是黄浦与长江合流之所。烟水苍茫，天风浩荡；远远只见一条地平线弯弯地横陈着，其余便是帆影笛声，时一闻见而已。每当暮蔼四合时，或月色晶莹时，临江伫立，正自令人有'振衣千仞冈'之感。你若能来，我们皆大欢喜。"这封信带有明显的"诱惑"之意，用美丽风光来吸引俞平伯，也可见朱自清此时的心情多么的明快和爽朗。

想"诱惑"好朋友去做同事（抑或只是游玩），不仅是中国公学附近的风光好，还有一层，是他所在的中学部有好多熟人，刘延陵自不必说了，刚去不久，刘就介绍他认识了叶圣陶。叶圣陶是 1921 年 1 月 4 日成立的文学研究会十二个发起人之一，已经在新文学创作上取得了可观的成绩。大约是这年的 4 月，朱自清也加入了文学研究会，入会号为五十九号。身处同一个文学社团，二人应该是互相景仰惺惺相惜了。能和叶圣陶在上海成为同事，朱自清从内心里是十分喜悦的。但二人的初一见面，却颇有意思，朱自清在《我所见的叶圣陶》里，回忆了那天见面的情形：刘延陵"和我说：'叶圣陶也在这儿。'我们都念过圣陶的小说，所以他这样告我。我好奇地问道：'怎样一个人？'出乎我的意外，他回答我：'一位老先生哩。'但是延陵和我去访问圣陶的时候，我觉得他的年纪并不老，只那朴实的服色和沉默的风度与我们平日所想象的苏州少年文人叶圣陶不甚符合罢了"。

这是朱自清对叶圣陶最初的印象：服装的颜色是朴素的，风度是沉默的，而且并不老。老，当然是玩笑话了。叶圣陶和刘延陵同龄，都只比朱自清大 4 岁，只有 27 岁，刘用"老先生"称呼，实际上并不是说叶圣陶年龄上的老，而是敬称，指叶圣陶少年老成，做事沉稳，不急躁，有定性。而朱自清在未见之前，想象中的叶圣陶是一个写小说的风度飘逸的"苏州少年文人"。这样的"不甚符合"的反差，却让朱自清从情感上更向他靠近了。接着，朱自清是这样描述叶圣陶的：在与人独对的时候，总是要谈这谈那，愿意发表自己的观感，但在与大家聚谈的时候，不与别人辩论，更不要说面红耳赤地争执了。朱自清极为欣赏叶圣陶的性格和做派，在这段时间的相处中，少不了经常在一起喝酒聊天，谈诗说文，"谈这谈那"，就是无所不谈嘛。朱自清曾在《赠圣陶》中有这样的句子："我始识君歇浦旁，羡君卓尔盛文章。讷讷向人锋敛铓，亲炙乃窥中所藏。小无町畦大知方，不茹柔亦不吐刚。"诗中对叶圣陶的描写可谓十分的精准传神，把叶圣陶藏锋、内秀的性格，还有作者对叶圣陶文章的羡慕，都跃然纸上。

作为中国公学的同事，叶圣陶只比朱自清早来一个多月，叶对中国公学周围的环境也极为欣赏，1921年10月23日在致周启明的信中说："今秋钧入中国公学，海滨景色，很是愉悦。江口的涛声，傍晚鲜明难描的云彩，成为每日相伴的伴旅。"但，叶圣陶虽然喜欢这儿的环境，身边更有投缘的朋友，毕竟家还在苏州的角直，只能每个周末回家小住。但在校时也会和朋友常去江边散步，特别是对于到校不久的朱自清，更是像大哥一样多有关照，这对于还没有完全融入同事中的朱自清，当然是求之不得的啦。朱自清除了正常的教书和给朋友写信，恐怕很多时候都和叶圣陶、刘延陵一起去江海边走走，玩玩，欣赏江潮海涛，远眺白云蓝天，臧否这几年兴起的新文学，诗歌和文章当然也没有少写。因为从现成的资料看，那段时间朱自清写了不少稿子，比如新诗《自从》，评论《民众文学谈》，后者发表在 10 月 10 日在《时事新报》副刊《文学旬刊》（双十赠刊）上，该文对于民众文学，提出了自己的观点，认为民众文学的方法，有四种："一，搜辑民间歌谣、故事之类加以别择或修订。二，体贴民众底需要而自作，态度要严肃、平等；不可有居高临下底心思，须知我也是民众底一个。地方色彩，不妨浓厚一些。'文章要简单、明了、匀整；思想要真实、普遍。'三，印刷格式都照现行下等小说，——所谓旧瓶装新酒，使人看了不疑。最好就由专印下等小说的书局（如上海某书局）印刷发行。四，如无相当的书局，只好设法和专卖下等小说的接洽，托他们销售。卖这种小说的有背包的和摆摊的两种：前者大概在茶楼、旅馆、轮船上兜售；后者大概在热闹市街上求售。倘然我们能将民众文学书替代了他们手中的下等小说，他们将由传染瘟疫的霉菌一变而为散布福音的天使了！"然而，这篇文章的观点，引起了俞平伯的不同意见，并引发了几个月的讨论，两个人书信往返，各抒观点，好不热闹。这一时期的叶圣陶也写作和发表了不少文章，比如小说《先驱者》《饭》《义儿》《云翳》等，还有大量的新诗和戏剧。

一时间，朱自清和叶圣陶成为中国公学中学部文学创作的担当。两人的相处，也越来越和谐。在《我所见的叶圣陶》中，朱自清还生动地描写了这样一个段子：叶圣陶"辛辛苦苦保存着的《晨报》副张，上面有他自己的文字的，特地从家里捎来给我看；让我随便放在一个书架上，给散失了。当他和我同时发见这件事时，他只略露惋惜的颜色，随即说：'由他去末哉，由他去末哉！'"朱自清感叹说："我是至今惭愧着，因为我知道他作文是不留稿的。他的和易出于天性，并非阅历世故，矫揉造作而成。"

就在这样的不断交往碰撞中，他们萌生了一个在中国新诗史上留下印迹的大胆计划，即编辑出版《诗》月刊。据刘延陵在多年后回忆说："有一天下午，我们从海边回学校时，云淡风轻，不冷不热，显得比往日尤其秋高气爽。因此，我们一路上谈兴很浓；现在我也不记得怎么一来，我们便……谈到新诗，谈到当时缺少专载它们的定期刊，并且主张由我们来试办一个了。""马上写了一封信寄给上海中华书局的经理，征求该书局为我们计划中的刊物担任印刷与发行。几天后接到回信，邀我们于某一时刻，访问该书局编辑部的左先生，谈商一切。我们如约而往，谈了一个小时就达成协议。"（刘延陵：《〈诗〉月刊影印本序》）有了这个具体的目标，几个心怀远大理想的文学青年，便不亦乐乎地分头忙碌起来。

然而，就在这时候，学校兴起了风潮。

中国公学的风潮，起因并不复杂，或者只是针对新派教员的。当时，中国公学老派教员的势力非常强大，为抵制新派教员的改革，鼓吹、煽动学生闹起了风潮。风潮的矛头直指叶圣陶、刘延陵、朱自清、常乃德等八名新派教员，并要驱逐代理校长张东荪和中学部主任舒新城。学生罢课，并捣毁办公室，声势不小。张东荪足够强硬，贴出布告，开除带头闹事的学生。学生也不示弱，撕毁布告，并指控张东荪"摧残教育""压迫学生"。闹得不可开交时，张东荪采取极端措施，率警察驱赶闹事的学生，双方就此发生了冲突。为了表示抗议，朱自清向刘延陵提议中学部停课。朱自清担心叶圣陶未必赞成。"但是出乎我的意外，他居然赞成了！后来细想他许是有意优容我们吧；这真是老大哥的态度呢。我们的办法天然是失败了，风潮延宕下去；于是大家都住到上海来。"当时他们还起草了一份《中国公学中学部教员宣告这次风潮之因果始末》，该文正是由叶圣陶起草并发表在 10 月 21 日的《时事新报》上的，联名的八位教员除朱自清、叶绍钧（圣陶）外，还有常乃德、刘建阳、陈兼善、吴有顺、刘延陵、许敦谷。朱自清提议停课，叶圣陶起草因果始末，可谓是精诚合作了。在这次风潮中，朱自清和叶圣陶所显示出的共同的品格和决心，让他们从泛泛之交进而成为相互欣赏的终生好友。朱自清更是从叶圣陶的"和易"中，发现了他性格中的另一面而格外敬重。

叶圣陶和朱自清住到上海后的情形怎么样呢？用朱自清的话说，"这一个月实在是我的一个很好的日子"。是啊，在避居上海的一个月里，经叶圣陶介绍，朱自清不但认识了文学研究会另一位重量级人物郑振铎，还认识了周予同等同道，重要的是，他和叶圣陶几乎天天见面。聊文学，谈创作，继续讨论《诗》月刊并积极筹办、约稿，仅从现存的创刊号目录看，作者就有刘半农、王统照、郑振铎、郭绍虞、徐玉诺、汪静之以及编者叶绍钧、俞平伯、刘延陵的原创诗，还有周作人、茅盾等人的译诗译文。朱自清也有《转眼》和《杂诗三首》发表，阵容可谓十分强大。也正是创刊号的分量，从第1卷第4号开始，《诗》月刊成了文学研究会的定期刊物。

在朱自清感叹"很好的日子"的中国公学时期，他接连写出了《民众文学谈》《自从》《杂诗三首》《黑暗》等，翻译泰戈尔《源头》，还写作了散文《憎》《歌声》《失名〈冬天〉》等，这些作品，大部分陆续发表在《诗》月刊上。叶圣陶也创作了大量的文学作品，新诗、散文、小说、童话、政论等，可谓全面发展，新诗有《小虎刺》《扁豆》《杂诗》《两个孩子》《损害》《失望》等，小说有《先驱者》《脆弱的心》《饭》《义儿》《云翳》等，童话有《小白船》《傻子》《燕子》等。

朱自清的《杂诗三首》，是一首很短的短诗，名曰"三首"，一共也只有七行。全诗如下：

一

风沙卷了，

先驱者远了！

二

昙花开到眼前时，
便向她蝉翼般影子里，
将忧愁葬了。

三

无力——还在家里吧；
满街是诅咒呵！

　　而更为奇特的是，这么短短的三首七行诗，还加了个长长的序。原来，朱自清这三首超短诗，是受俞平伯的影响而创作的——1921年10月23日，朱自清接到俞平伯从杭州发来的信和一组诗，总题为《忆游杂诗》，共十四首。俞平伯说他这是自创新体，作短诗。朱自清读了，很受启发，又联想到他老师周作人翻译的日本的短歌，便诗兴大发地连作了三首，更是趁势又写了个序。朱自清在《杂诗三首》的序中，又引用俞平伯另一封信里关于短诗的论述："……因短诗所表现的，只有中心的一点。但这一点从千头万绪中间挑选出来，真是极不容易。读者或以为一两句耳，何难之有；而不知神思之来，偏不难于千百句而难于一二句。……作写景短诗，我已颇觉其选择之难，抒情恐尤难矣；因景尚易把捉，情则尤迷离惝恍也。"俞平伯不愧为诗词名家，几句话，就把短诗写作的要点给抓住了。朱自清在《杂诗三首》的序中，还引用了周作人关于日本短歌的论述，云："……但他虽不适于叙事，若要描写一地的景色，一时的情调，却很擅长。"朱自清接着说："我们主张短诗，正是这个意思；并且也为图普遍起见。——因为短诗简单隽永，平易近人。可是中国字都是单音；在简短的诗形里，要有啴缓和美的节奏，很不易办。往往音节太迫促了，不能引起深沉的思念，便教人读着不像一首已完的诗；如'满城风雨近重阳'之类，意境原可以算完成了，但节奏太急，便像有些站不住似的；所以终于只能算是长诗底一部分，不成功一首独立的诗。不过我们说的短诗，并不像日本底短歌、俳句等，要限音数和节数；这里还有些自由伸缩底余地。——要创造短歌、俳句等一类东西，自然是办不到；若说在我们原有诗形外，另作出一种短的诗形，那也许可能罢。这全靠现在诗坛底努力了。至于我这三首，原是尝试之作，既不能啴缓和美，也未必平易近人；那是关于我的无力，要请读者谅解的了。"其实，朱自清是谦虚了，他这三首短诗，还真是好诗，虽短而意境悠远，值得玩味，甚至和一周前中国公学的风潮还能联系上。但是呢，短诗又不能一味地为短而短，所以朱自清还是警惕这样的短的。

接下来他也有主张，说："所谓短诗底'短'，正和短篇小说底'短'一样；行数底少固然是一个不可缺的元素，而主要的元素，却在平伯所谓'集中'；不能集中的，虽短，还不成诗。所谓'集中'，包括意境和音节说。——谈到短诗底意境，如前所引周先生底话，自然是'一地的景色'或'一时的情调'。因而短诗底能事也有写景、抒情两种；而抒情为难。"经朱自清这么一说，短诗的样式就基本确定了，所以说，朱自清在《杂诗三首》前的这篇序，还是很有必要的。而此时几个人又正大张旗鼓地编《诗》刊，有了俞平伯这首诗的加持，大家的信心就更足了，对于刚刚过去的"风潮"，也就云淡风轻了。

如果说"风潮"在一个层面上给叶圣陶、朱自清、刘延陵这批年轻的教师一点经验的话，风潮期间的重要收获，就是酝酿的《诗》月刊的编辑出版，给他们提供了编辑、出版、发行方面的经验和积累，却是当事人料想不到的。

当然，这次风潮还有后话，就是邵力子和胡适之都说了公道话。邵力子这位民国元老在1921年10月24日《民国日报》上发表《中国公学风潮平议》一文，善意地提醒八位教员想一想"'君子爱人以德'的古训"，似乎有偏向学生一方的意思。胡适在自己的日记里则说："上海中国公学此次有风潮，赶去张东荪，内容甚复杂；而旧人把持学校，攻击新人，自是一个重要原因……他们攻击去的新教员，如叶圣陶，如朱自清，都是很好的人。这种学校，这种学生，不如解散了为妙！"胡适的话更偏向于新派教师。所以，用今天的眼光，真还不好说谁是谁非。

但是我比较赞同胡适先生的话，因为青年教师在校时间都不长，叶圣陶两三个月，朱自清满打满算也就才两个月，还要扣除停课一个月，在短暂的教学中，会出现什么问题？即便有问题，也有纠正或调整的机会，没必要搞极端。是不是有什么内幕呢？胡适用"甚复杂"一笔带过，又肯定朱叶是"很好的人"，可见不是因为教学方式不同，如果没有内幕，主要就是"旧人"容不得"新人"的顽固思想在作祟。

2009年7月初，我因事在上海住了几个月，在9月末的初秋时节，应朋友之约，驱车去吴淞炮台湿地公园游玩。从地理位置上看，这里离中国公学旧址应该不远，而湿地公园就是当年叶圣陶、朱自清、刘延陵共同散步的江海交汇之处。林子很大，树种有水杉和香樟，都是人工新植的多，一条条弯弯曲曲的柏油路在林中绕来绕去，浓阴中隐藏着一块块水塘和河泽，清澈的水面上漂着少许的植物。林子里有许多鸟，旁若无人地在茂密的枝叶间跳来跳去。林中有栈道，沼泽、湿地上也有栈道，走在栈道上，可以近距离地观看花草树木。江边还有挡浪的气势宏伟的水泥大堤。吴淞口外的长江是江海交汇之处，岸边有一簇簇的芦苇，芦苇上方有成群的海鸥飞翔。从这里眺望，真是"烟水苍茫，天风浩荡"，十分震撼。难怪当年年轻的叶圣陶、朱自清、刘延陵会被这里的自然景观所感动，诗情大发，激发了创作的灵感，萌生了办刊的冲动，就是几十年后，也同样让我们心潮澎湃。

"一师"的诗情画意

1

可能和杭州真的有缘吧，还是在中国公学风潮期间，朱自清和叶圣陶就应邀担任了杭州浙江一师晨光文学社的顾问。邀请他们的是汪静之和潘漠华。汪静之在《自传》里披露说，1921年下半年，是他和潘漠华，邀魏金枝、赵平福（柔石）、冯雪峰等同学和杭州其他几个中学的学生成立了这个中国现代文学史上较早的文学社团。社员还有应修人等二三十人。社员中，汪静之和潘漠华已经在一些报刊上发表了新诗等作品。朱自清和叶圣陶能够被他们邀请担任顾问，足见他们的文学作品和文学成就在青年人当中的号召力了。实际上，他们的年龄相差并不大，朱自清只比潘漠华、应修人大 2 岁。

和受邀担任晨光文学社形成呼应的是，中国公学的风潮在胡适的调停下刚一结束，朱自清和刘延陵就返回杭州浙江省立第一师范学校任教了——或许这就是命运在冥冥之中的安排吧。对于朱自清来说，这个"暑假"有些长，还居然在扬州江苏第八中学和中国公学两所学校工作了一段时间，所经历的人事纠葛大约是他事先没有想到的。和无数刚出校门的青年人一样，这也许是他成长道路上必经的磨砺吧。

1921 年 11 月 18 日傍晚时分，一列沪杭客车上，朱自清临窗而坐，听着咣咣当当的车轮声，看着窗外萧条的田野阡陌，冷落的河汊湖泊，苍茫的远天暮云，一闪而过的竹园孤树，还有晚归的昏鸦，回顾几个月的风风雨雨，有旧友相逢的喜悦，有初交新知的激动，也有风潮喧哗的郁闷，相比一年前的 5 月在沪杭道上看到的江南美景完全不一样，朱自清内心的诗情悄悄涌动着，禁不住写下了一首《沪杭道上的暮》。诗很短，只有四句：

风澹荡，

平原正莽莽，

云树苍茫，苍茫；

暮到离人心上。

1921年，朱自清（左三）、叶圣陶（左二）与晨光文学社社员合影

　　尽管诗人即将到他熟悉的学校，即将见到更多的朋友，但中国公学的风潮毕竟不是什么光彩而得意的事，而且新交的好友叶圣陶没有和他一同前往，也令他不快。诗中，作者毫不保留地表达了忧郁不快的惆怅情绪，那昏沉的暮云沉沉地压在心头，如莽莽荒原上秋风过处般的凄凉。

　　杭州到了，浙江一师的同学们热情地欢迎他，特别是晨光文学社的社员们，见到了他们年轻的顾问、导师，其激动和喜悦之情自不待言。据冯雪峰回忆说：晨光文学社的活动很多，"常常是在星期日到西湖西泠印社和三潭印月等处聚会，一边喝茶，一边相互观摩各人的习作，有时也讨论国内外的文学名著；出版过作为《浙江日报》的副刊之一的《晨光》文学周刊，发表的大都是社员的作品"，"尤其是朱先生是我们从事文学习作的热烈的鼓舞者，同时也是'晨光社'的领导者"。

更让人喜出望外的是，俞平伯因为要赴美留学做准备而辞去了"一师"的教职，校长马叙伦立即找到刚刚到校的朱自清，委托他礼请叶圣陶到"一师"任教。朱自清喜出望外，立即写信相邀。叶圣陶接到信后，毫不犹豫就回信接受了聘任。叶圣陶的信中还展望了见面后的计划："我们要痛痛快快游西湖，不管这是冬天。"据朱自清在散文《我所见的叶圣陶》中披露，"他来了，教我上车站去接"。朱自清知道叶圣陶的"家实在太好了，他的衣着，一向都是家里管。我常想，他好像一个小孩子；像小孩子的天真，也像小孩子的离不开家里人。必须离开家里人时，他也得找些熟朋友伴着；孤独在他简直是有些可怕的"。而且朱自清还知道，叶圣陶在"车站这一类地方，是会觉得寂寞的"。接站时的情形，少不得二人热情诉说小别十余天来的情形，小酌一杯更是少不了的。叶圣陶爱喝，经常喝一碗黄酒佐餐，遇到心仪的好友，就是喝至微醺也是有可能的，更何况杭帮菜又很合朱、叶二人的口味呢，打几斤老酒，弄几碟下酒的小菜，一边品着，一边诉说分别以来的挂念，讨论各自新做的文章，问问相熟的朋友，就是相互关心对方的家庭孩子也是在情理之中的。

2

叶圣陶到了"一师"，是不是接替俞平伯的课程不太清楚。叶圣陶和朱自清同室而卧，共用一间书房，是叶圣陶提议的——学校本来单独分给叶圣陶一间宿舍，由于和朱自清在中国公学风潮中建立了深厚的感情，也由于想有更多的相聊甚欢的机会，叶圣陶提议把两个人的宿舍做一个整合，把朱自清的那间做两人共用的书房，把自己的那间做二人的起居室。朱自清欣然同意。想必两人的宿舍相距很近，抑或就是门挨着门，从书房到宿舍，从宿舍到书房，来往都很方便。从此之后，新文学史上的两位重要人物便开始了一段同室共眠、同室写作、同室畅怀深谈的难忘岁月。

杭州气候温润，有好茶好水、好山好湖，更有美食佳酿，二人或在安逸的校园宿舍里读书写作，谈古论今；或在西湖柳岸边，弄几碟船菜，荡舟于湖中，一边小酌，一边喁喁小谈，真是惬意啊！朱自清在为俞平伯的散文集《燕知草》所作的序里说:"西湖这地方,春夏秋冬,阴晴雨雪,风晨月夜,各有各的样子,各有各的味儿,取之不竭,受用不穷;加上绵延起伏的群山,错落隐现的胜迹,足够教你流连忘返……"有这样的好景致,再和相知的好友在一起,必定有说不完的话。说不完的话,到最后就是无话。难怪几年之后,叶圣陶到上海工作,在《记佩弦来沪》一文中,对自己巴望朱自清来上海,而来了又一时无话可说深感"自责",这种自责当然不是因为"无话可说",而是有一肚子话不知从何说起的缘由了。他是这样说的:"佩弦来了,一遇于菜馆,再遇于郑家,三是他来我家,四呢,就是送他到车站了。什么也没有谈,更说不到'细'……也颇提示自己,要赶快开个谈话的端。然后端既没有,短短的时光又如影子那样一去无痕,于是若有所失地又'天各一方'了。"其实这是友谊到一定份儿上的更深的情感,好比"此时无话胜有话"。同样在《记佩弦来沪》一文中,叶圣陶对杭州的那段难忘岁月,有这样的记录和议论:

晤谈的愉悦从哪里发生的呢?不在所谈的材料精微或重大,不在究极到底而得到结论,而在抒发的随意如闲云之自在,印证的密合如呼吸之相通,如佩弦所说的"促膝谈心,随兴之所至"。能说多少,要说多少,以及愿意怎样说,完全在自己手里,丝毫不受外力牵掣。这当儿,名誉的心是没有的，利益的心是没有的，只为着表出内心而说话，说其所不得不说。在这样的进程中只觉得共同找到胜境似的，愉悦也是共同的。那一年岁尽日晚间，与佩弦同在杭州，彼此都不肯休歇，电灯熄了，点起白蜡烛来，上床躺着还是谈。后来佩弦说一首小诗作成了，就念给我听：除夜的两支摇摇的白烛光里，我眼睁睁瞅着，一九二一年轻轻地踅过去了。

叶圣陶的文字平实、深厚，却更能感受到两位青年相互间的惺惺相惜。

朱自清和叶圣陶的性格都偏向内敛，但却能都坦诚相见，"能说多少，要说多少"，哪怕见面不说话，只要见就行。朱自清在《我所见的叶圣陶》里，也有杭州这段生活的诗意般的描述：

这样可以常常相伴；我自然也乐意。我们不时到西湖边去；有时下湖，有时只喝喝酒。在校时各据一桌，我只预备功课，他却老是写小说和童话。初到时，学校当局来看过他。第二天，我问他，"要不要去看看他们？"他皱眉道："一定要去么？等一天吧。"后来始终没有去。他是最反对形式主义的。

那时他小说的材料，是旧日的储积；童话的材料有时却是片刻的感兴。如《稻草人》中《大喉咙》一篇便是。那天早上，我们都醒在床上，听见工厂的汽笛，他便说："今天又有一篇了，我已经想好了，来的真快呵。"那篇的艺术很巧，谁想他只是片刻的构思呢！他写文字时，往往拈笔伸纸，便手不停挥地写下去，开始及中间，停笔踌躇时绝少。他的稿子极清楚，每页至多只有三五个涂改的字。他说他从来是这样的。每篇写毕，我自然先睹为快；他往往称述结尾的适宜，他说对于结尾是有些把握的。看完，他立即封寄《小说月报》；照例用平信寄。我总劝他挂号；但他说："我老是这样的。"他在杭州不过两个月，写的真不少，教人羡慕不已。《火灾》里从《饭》起到《风潮》这七篇，还有《稻草人》中一部分，都是那时我亲眼看他写的。

看来，叶圣陶提议的"同室而卧"收到了显著的效果，叶圣陶短篇小说和童话里的许多重要篇章，都是出自这一时期，可谓大获丰收，可见这一时期叶的心情之好，文思之清晰。到了1922年2月，叶圣陶应北京大学蔡元培和中文系主任马裕藻的聘请，任北京大学预科讲师，主讲作文课，和他的创作成果不无关系。但在和朱自清同室共眠这一时期的大丰收，无疑增加了他到北大任教的资质。朱自清同样也创作颇丰，新诗《挽歌》《星火》《静》《睁眼》《除夜》，评论《民众文学的讨论》等，也出自这一时期。

3

　　在创作上相互促进，在学问上各自用功、不断精深，还没耽误二人同游玩乐和吃吃喝喝品尝美味佳肴，真是不可多得的好日子。这年的 12 月 14 日，朱自清和叶圣陶、俞平伯三人兴致勃勃地夜游了西湖。这一天正是阴历的十一月十六日，湖静，月圆，一叶小舟，轻荡在西湖里，月华如银，软波轻漾，朦胧中的远山水墨一样洇在湖面上，湖岸上灯火点点，树影婆娑，叶圣陶触景生情，口占两句："数点星灯认渔村，淡墨轻描远黛痕。"这是朱自清在《冬天》一文中披露的，而《冬天》这篇文章，也是叶圣陶出的题目（《你我自序》）。虽然只有两句，也可见当时谈得多么的投机，西湖的夜月美景，触动了诗人心里的弦，才会诗情萌发，脱口而出吧。但接下来，大家都不说话了，任由天上清冽的圆月照射在身上，任由均匀的桨声轻响在耳畔，划破这静夜的缠绵。直到俞平伯"喂"了一声，大家才来了精神。眼前就是净慈寺了，船夫问要不要进去一看。这

天是阿弥陀佛的生日，寺院里很热闹，当然要进去了。于是，弃舟登岸，来到寺里，诵经声，佛号声，还有木鱼铜磬声，错落地旋绕着佛殿，金身的释迦牟尼庄严而又肃穆，和湖上的轻风夜月相比，又完全是另一种情境了。这美丽的西湖夜景，必定让年轻的诗人勾留很晚方才回去，而朱自清和叶圣陶肯定又会有一番夜话的。"西湖风冷庸何伤，水色山光足彷徉。归来一室对短床，上下古今与翱翔。"这是朱自清《赠圣陶》诗里的句子。共同的兴趣，上下古今的深谈，"能说多少，要说多少……丝毫不受外力牵掣"，谈到兴浓处，"一缕愉悦的心情同时涌起，其滋味如初泡的碧螺春"（叶圣陶《记佩弦来沪》），如此的推心置腹，让他们友谊的纽带越发地牢固了。

朱自清和叶圣陶"击桨联床共曦月"的日子虽然只有两个多月，但在他们两人的情感深处都留下了永远也抹不去的印痕，他们各自在自己的多篇诗文中都有描写，直到五十三年后，叶圣陶还在长词《兰陵王》中情致哀怨、言未出而泪先下地回忆那段难忘的时光：

　　猛悲切。

　　往怀纷纭电掣。

　　西湖路、曾见慇招，击桨联床共曦月。

　　相逢屡间阔。

常惜、深谈易歇。

明灯座、杯劝互殷，君辄沉沉醉凝睫。

……

　　这首词，情绪浓烈，势大力沉，非大手笔不能为之。仿佛时空穿越一样，年轻的朱自清从记忆中走来，不仅让叶圣陶沉迷、回味不已，就是一般读者也被感染了，尤其两人"杯劝互殷"和朱自清那"沉沉醉凝睫"的神态，更是历历如在眼前。

　　那时候的朱自清，年少成名，意气风发，才华逼人，除了担任晨光文学社的顾问、加入了文学研究会，还加入了中国少年学会；除和朋友们办《诗》月刊外，还和鲁迅、周作人、沈雁冰、叶圣陶、许地山、王统照、冰心等十七人被《小说月报》聘为"本刊特约文稿担任者"，相当于今天的特约撰稿人，享受了极高的待遇。

4

　　这一期间，还发生了一件有意义的事，即对"民众文学"的讨论。这要从朱自清在1921年10月10日的《时事新报》副刊《文学旬刊》（双十增刊）上发表的《民众文学谈》说起。俞平伯在看到这篇文章后，不同意他的观点，写了一篇《与佩弦讨论"民众文学"》一文进行商榷，俞平伯说：朱佩弦"以为文学底鹄的，以享受趣味，是以优美为文学批评的标准，所以很想保存多方面的风格，大有对于贵族底衰颓，有感慨不能自己的样子。至于我呢，则相信文学虽可以享乐，安慰，却决不是他底唯一使命，唯一使命是联合人间底关系，向着善的路途"。俞平伯还希望，朱自清"做提倡民众文学底健将"，不做"保存故物底大功臣"。俞平伯的这篇文章发表在 1921 年 11 月 12 日《时事新报》副刊《文学旬刊》第 19 号上。朱自清看了好朋友的讨论文章，当然要给予回应了。讨论的文章同样发表在《时事新报》副刊《文学旬刊》上，而且分两次续完。朱自清这篇文章，主要是对俞平伯提出的不同意见的答复，核心都是如何看待民众文学的。这在当时具有重大的现实意义，文学研究会的多位作家都对此表现了足够的兴趣，郑振铎还在他主编的《文学旬刊》中，辟出专号组织讨论，郑振铎、许宝驹等多人都撰写了文章。更有意思的是叶圣陶也参与了讨论。如前所述，叶圣陶此时正和朱自清同在杭州，同在一校，同居一室，同用一间书房，还经常一同游山玩水，喝酒聚谈，有没有在这些时候讨论"民众文学"呢？答案是肯定的。一方面，"民众文学"是他们共同的话题；另一方面，俞平伯又是他们共同的朋友，再者，他们又都是文学研究会的会员，这样的讨论一定是不会少的。果然，不久之后，叶圣陶的文章《民众文学的讨论·三》也发表在1922年2月15日《文学旬刊》第26期上了。

朱自清和俞平伯的友情，在这次讨论中，越发的深厚了。俞平伯在准备赴美留学的这段时间里，在北京的家和杭州的小家两地跑，还到苏州痛痛快快玩了几次，和朱自清一直保持密切的通信联系，比如在京期间，在《晨报副刊》上读到署名巴人的连载小说《阿Q正传》，每周或隔周刊登一次，俞平伯很喜欢。他在1921年12月19日启程回杭州后，还写信让北京的家人把报纸陆续寄给他，载完后，俞平伯仍然回味不尽，写信向朱自清打听《阿Q正传》的相关情况。12月31日，朱自清与叶圣陶、许宝驹为俞平伯赴美留学送行，一起合影留念。俞平伯诗集《冬夜》也在这一时期编好，朱自清应俞的邀请，准备为诗集写序，并于1922年1月23日在扬州禾稼巷家中，完成了《〈冬夜〉序》。俞平伯在《〈冬夜〉自序》里也十分感激地说：这本书朱自清出力不少，"在付印前，承他底教促；在付印之中，帮了我许多的忙"。

也正如俞平伯所说，朱自清在为好朋友诗集费心费力时，对诗集中的诗也做了中肯的评价：朱自清在序的开头就欣喜地说："在才有三四年生命的新诗里，能有平伯君《冬夜》里这样作品，我们也稍稍可以自慰了。"作为同时期新诗的创作者，朱

1921年，欢送俞平伯赴美时在杭州合影（右起依次为俞平伯、朱自清、叶圣陶、许昂若）

自清非常清楚新诗的现状，他接着说："从'五四'以来，作新诗的风发云涌，极一时之盛。就中虽有郑重将事，不苟制作的；而信手拈来，随笔涂出，潦草敷衍的，也真不少。所以虽是一时之'盛'，却也只有'一时'之盛；到现在——到现在呢，诗炉久已灰冷了，诗坛久已沉寂了！太沉寂了，也不大好罢？我们固不希望再有那虚浮的热闹，却不能不希望有些坚韧的东西，支持我们的坛坫，鼓舞我们的兴趣。出集子正是很好的办法。去年只有《尝试集》和《女神》，未免太孤零了；今年《草儿》《冬夜》先后出版，极是可喜。而我于《冬夜》里的作品和他们的作者格外熟悉些，所以特别关心这部书，于他的印行，也更为欣悦！"朱自清虽然是年轻的诗人，却能放眼全国的诗歌创作现状，表现出沉重的忧虑来。但是，对于俞平伯的诗，他秉自己的观点进行了评价："平伯底诗，有些人以为艰深难解，有些人以为神秘；我却不曾觉得这些。我仔细地读过《冬夜》里每一首诗，实在嗅不出什么神秘的气味；况且作者也极反对神秘的作品，曾向我面述。或者因他的诗艺术上精炼些，表现得经济些，有弹性些，匆匆看去，不容易领解，便有人觉得如此么？那至多也只能说是'艰深难解'罢了。但平伯底诗果然'艰深难解'么？据我的经验，只要沉心研索，似也容易了然；作者底'艰深'，或竟由于读者底疏忽哩。"由于俞平伯的旧诗功底非常了得，朱自清从他的新诗中也深有领会，认为他的诗有三种特色，"一，精炼的词句和音律；二，多方面的风格；三，迫切的人的情感"。为了说明俞平伯新诗的特色，还接连举了多首新诗做例子，进行品评。特别是在俞平伯的和韵方面，给予了较高的评价："平伯用韵，所以这样自然，因为他不以韵为音律底唯一要素，而能于韵以外求得全部词句底顺调。平伯这种音律底艺术，大概从旧诗和词曲中得来，他在北京大学时看旧诗、词、曲很多；后来便就他们的腔调去短取长，重以己意熔铸一番，成了他自己的独特的音律。我们现在要建设新诗底音律，固然应该参考外国诗歌，却更不能丢了旧诗、词、曲。旧诗、词、曲底音律底美妙处，易为我们领解，采用；而外国诗歌因为语言底睽异，就艰难得多了。这层道理，我们读了平伯底诗，当更了然。"到底是好朋友，朱自清的评价可谓相当精准了。

5

浙江一师学生汪静之的第一本诗集《蕙的风》已经编好，即将由上海亚东书馆出版。朱自清是这本爱情诗集的第一个读者，应汪静之的邀请，于1922年2月1日在扬州过寒假期间，为《蕙的风》写了序言。

《蕙的风》是汪静之第一部诗集，编成时他还是"一师"的学生，也是晨光文学社的发起人之一和骨干成员。不过从朱自清所写的序言中得知，朱自清在1921年中国公学时期，才知道他在写诗，汪静之还抄了十余首新诗，寄给朱自清看。中国公学风潮发生之后，朱自清在上海闲住，和叶圣陶等人商量编辑出版《诗》期间，又收到编成的《蕙的风》诗集，并请朱自清作序。可能是重回"一师"执教后教务繁忙吧，所以一直延到寒假里才动笔。朱自清在序里对诗集给予了客观的评价："小孩子天真烂漫，少经人世间底波折，自然只有'无关心'的热情弥漫在他的胸怀里。所以他的诗多是赞颂自然，咏歌恋爱。所赞颂的又只是清新、美丽的自然，而非神秘、伟大的自然；所咏歌的又只是质直、单纯的恋爱，而非缠绵、委屈的恋爱。"关于汪静之的爱情诗，特别是那首《蕙的风》，确实是恋爱的产物——汪静之和在杭州女师的湖南女生傅慧贞恋爱，已经发过海誓山盟，但因女方家长强烈反对最终分手。汪静之受到很大打击，《蕙的风》就是在这样的心情中写出的。他把女方比作蕙花的风，深锁在园子里，满怀着幽怨。而随风飘来的香气，让蝶儿和风融为了一体，表现了双方对爱情的忠贞。整本诗集里，大部分都是爱情诗，也多次出现女人的容貌体态，描写也比较大胆，在当时还是很有冲击力的。朱自清在序中，以温和的口气，理性地赞扬了他的诗风，同时，也给予了一些建议："我们现在需要最切的，自然是血与泪底文学，不是美与爱底文学；是呼吁与诅咒底文学，不是赞颂与咏歌底文学。可是从原则上立论，前者固有与后者并存底价值。因为人生要求血与泪，也要求美与爱，要求呼吁与诅咒，也要求赞叹与咏歌：二者原不能偏废。但在现势下，前者被需要底比例大些，所以我们便迫切感着，认为'先务之急'了。虽是'先务之急'，却非'只此一家'，所以后一种的文学也正有自由发展底余地。这或足为静之以美与爱为中心意义的诗，向现在的文坛稍稍辩解了。况文人创作，固受时代和周围底影响，他的年龄也不免为一个重要关系。"这几乎就是告诫了。这也体现出朱自清仁厚的一面，接着，又鼓励道："静之是个孩子，美与爱是他生活底核心；赞颂与咏叹，在他正是极自然而适当的事。他似乎不曾经历着那些应该呼吁与诅咒的情景，所以写不出血与泪底作品。若教他勉强效颦，结果必是虚浮与矫饰；在我们是无所得，在他却已有所失，那又何取呢！所以我们当客观地容许，领解静之底诗，还他们本来的价值；不可仅凭成见，论定是非：这样，就不辜负他的一番心力了。"

6

在杭州浙江一师的半个学期里，《诗》月刊也正式和读者见面了。这是五四之后第一家专门发表新诗和新诗评论的刊物，发起者正是朱自清、刘延陵、叶圣陶三人。

他们三人是在上海中国公学的江海边上就萌发了办刊的想法并开始筹备的。真正动手实施，是他们到了杭州以后。上海当时已经是新文化的中心之一，杭州离上海很近，朱、刘、叶利用各自的关系约稿组稿，再加上俞平伯，还有汪静之、应修人等晨光文学社的诗人，杭州新诗的力量也不小，稿子编得很快，于1922年1月15日创刊号正式面世。奇怪的是，主编是叶圣陶和刘延陵，并没有出现朱自清的名字，编辑发行也打上"中国新诗社"之名。后者因为发行需要，可以理解，前者就让人纳闷了，为该杂志出力甚多的朱自清居然不是主编之一。

多年以后，朱自清在《选诗杂记》（《朱自清全集》第4卷）里说：《诗》月刊怕早被人忘了。这是刘延陵、俞平伯、圣陶和我几个人办的；承左舜生先生的帮助，中华书局给我们印行。那时大约也销到一千外。……几个人里最热心的是延陵，他费的心思和工夫最多。"既然刘费的心思最多，而叶圣陶又是老大哥，朱自清礼让他们出任主编也就在情理之中了。俞平伯在1959年出版的《文学知识》第5号上也撰文说:《诗》月刊"实际上负责编辑责任的是叶圣陶和刘延陵"。(《五四忆往——谈〈诗〉杂志》)不管怎么说，在西子湖畔诞生的中国现代文学最早的期刊《诗》，也凝聚了朱自清的诸多心血，同时也是西子湖畔最浪漫的事情之一。曹聚仁后来说:"朱自清、刘延陵所熏陶的文艺空气，直到后一级才开花，乃有汪静之、张维祺、潘训、冯雪峰诸兄，湖畔诗人那一伙（魏金枝兄也是一师学生，朱先生的弟子）。俞平伯先生只教了半年书，朱先生倒教了两年。"

　　在1921年下半年和1922年初的西子湖畔，会聚了以朱自清、叶圣陶、俞平伯、刘延陵、汪静之、应修人为代表的一批五四时期涌现出来的新文人，一时间成了全国新文学界的亮点。

台州一年

　　从扬州到杭州，一般要乘小火轮渡江，经镇江再选择汽车或火车。返程也是这样，朱自清往返两地，每一次都很辛苦。

　　1922年2月初，寒假刚过不久，江南还春寒料峭，河里的水草还未翘头变绿，园中桃李的枝头才鼓出一点点苞芽。春的讯息虽还完全没有感受到，朱自清心里却温暖如春——他偕贤妻武钟谦和一双可爱的儿女，带着简单的行李，赶往浙江一师了。扬州离杭州虽然不太远，交通却不便捷，如果走水路，要花费更多时间。所以朱自清一般都在镇江乘沪宁铁路的客车，经上海再转沪杭线。无论是在船中，还是在火车上，朱自清一家既辛苦又快乐，毕竟小家就要组织起来了，对于朱自清来讲，爱人子女在身边，省去生活上的不少不便和烦恼，会把更多的精力用在工作和创作上。

还是在 1921 年 5 月，朱自清曾写过一篇小说《别》，讲述的正是一对年轻的夫妇重逢后因经济原因又不得不分别的故事。小说写得细腻、委婉、动情，小说中的青年教师和带着孩子、怀着身孕千里探访的妻子，是不是有他们小夫妻真实生活的影子呢？至少在个人情感上，这种分离的痛苦朱自清曾感同身受过。所以，朱自清不怕生活的压力，坚定地带上妻小一同前往杭州了。

还在 2 月里，小家刚一安顿好，朱自清就接到台州浙江六师校长郑鹤春的邀请，到"六师"教书去了。

台州离杭州还有一段较远的距离，也不比杭州的繁华。为了增加收入补贴家用，也是朋友盛情难却，朱自清只身前往。朱自清在《一封信》中描写了初到台州的情形："我第一日到六师校时，系由埠头坐了轿子去的。轿子走的都是僻路；使我诧异，为什么堂堂一个府城，竟会这样冷静！那时正是春天，而因天气的薄阴和道路的幽寂，使我宛然如入了秋之国土。约莫到了卖冲桥边，我看见那清绿的北固山，下面点缀着几带朴实的洋房子，心胸顿然开朗，仿佛微微的风拂过我的面孔似的。到了校里，登楼一望，见远山之上，都幂着白云。四面全无人声，也无人影；天上的鸟也无一只。只背后山上谡谡的松风略略可听而已。那时我真脱却人间烟火气而飘飘欲仙了！"

可以说，台州美丽的山川，迷人的景色，算是给朱自清一个很好的见面礼。

朱自清初到台州，面对新的环境，并没有感到陌生，甚至有种自然的亲近感。"六师"校长郑鹤春是青年教育家，比朱自清要大几岁，早年（1917）毕业于武昌高等师范学校，有作为，也有开拓精神，也有自己的办学思路，和朱自清关系不错。朱自清在"六师"的教书大约也是顺风顺意的。工作舒心，创作上更没有松懈，接连写了新诗《笑声》《灯光》《独自》等，同时对于当下新文学作品颇有许多不满。在不断阅读和思索中，对自己的创作也表示了担忧，甚至对岁月流逝和生命匆匆特别惶惑。1922年3月26日在致俞平伯的信中，朱自清坦率地表达了自己的心情："日来颇自惭愧。觉得自己情绪终觉狭小，浅薄，所以常要借重技巧，这真是极不正当的事！想想，很为灰心，拟作之稿，几乎想要搁笔——但因'敝帚自珍'底习气，终于决定续写了！以后颇想做些事业，抉发那情绪的错，因为只有狭小的情绪，实在辜负了我的生活了！"

话虽然这样说了，行为上却还是有种力量在催着他，叫他停不下手中的笔，把自己的思想传播于大众。于是又说："日来时时念旧，殊低回不能自已。……因了怅惜的情怀，引起时日不可留之感。我想将这宗心绪写成一诗，名曰《匆匆》。"那时候，还没有"散文诗"之说。《匆匆》发表在1922年4月11日《时事新报》副刊《文学旬刊》上。对于这篇别具一格的"散文诗"，朱自清颇为得意，在 13 日致俞平伯的信中说："《匆匆》已载《文学旬刊》，兄当已见着。觉可称得散文'诗'否?"又说："我的《匆匆》，一面因困情思繁复，散较为适当，但也有试作散诗的意思，兄看我那篇有力竭铺张底痕迹否?"朱自清把《匆匆》称为"散诗"，实在是新颖别致的提法，这大约就是散文诗的发轫之作了。全文不长，引述如下：

燕子去了，有再来的时候；杨柳枯了，有再青的时候；桃花谢了，有再开的时候。但是，聪明的，你告诉我，我们的日子为什么一去不复返呢? ——是有人偷了他们罢：那是谁? 又藏在何处呢? 是他们自己逃走了罢：现在又到了哪里呢?

我不知道他们给了我多少日子；但我的手确乎是渐渐空虚了。在默默里算着，八千多日子已经从我手中溜去；像针尖上一滴水滴在大海里，我的日子滴在时间的流里，没有声音，也没有影子。我不禁头涔涔而泪潸潸了。

去的尽管去了，来的尽管来着；去来的中间，又怎样地匆匆呢? 早上我起来的时候，小屋里射进两三方斜斜的太阳。太阳他有脚啊，轻轻悄悄地挪移了；我也茫茫然跟着旋转。于是——洗手的时候，日子从水盆里过去；吃饭的时候，日子从饭碗里过去；默默时，便从凝然的双眼前过去。我觉察他去的匆匆了，伸出手遮挽时，他又从遮挽着的手边过去，天黑时，我躺在床上，他便伶伶俐俐地从我身上跨过，从我脚边飞去了。等我睁开眼和太阳再见，这算又溜走了一日。我掩着面叹息。但是新来的日子的影儿又开始在叹息里闪过了。

在逃去如飞的日子里，在千门万户的世界里的我能做些什么呢？只有徘徊罢了，只有匆匆罢了；在八千多日的匆匆里，除徘徊外，又剩些什么呢？过去的日子如轻烟，被微风吹散了，如薄雾，被初阳蒸融了；我留着些什么痕迹呢？我何曾留着像游丝样的痕迹呢？我赤裸裸来到这世界，转眼间也将赤裸裸的回去罢？但不能平的，为什么偏要白白走这一遭啊？

你聪明的，告诉我，我们的日子为什么一去不复返呢？

朱自清是第一个发问"时间都去哪儿了"的现代作家吗？《匆匆》所表现的，就是这样的主题，"燕子去了，有再来的时候；杨柳枯了，有再青的时候；桃花谢了，有再开的时候"。诗人几笔勾勒出一个简约而充满诗情的画面，没有为赋新词强说愁，也没有停留在春景的描绘上，而是直接将读者带进自己营造的氛围中，接受一种"时间"情结的感染，同时又暗示：这画面里呈现的大自然的荣枯，是时间飞逝的痕迹，"聪明的，你告诉我，我们的日子为什么一去不复返呢？"是被谁"偷了"还是"逃走"了呢？"像针尖上一滴水滴在大海里，我的日子滴在时间的流里。"朱自清把自己八千多个日子比喻成"一滴水"，水消失在水里，看不见摸不着了。时间就是这么无情，生命也同样短暂，"洗手的时候，日子从水盆里过去；吃饭的时候，日子从饭碗里过去"，"我"还能怎么样？不禁"头涔涔""泪潸潸"了。从《匆匆》里，我们读出了作者的情怀，即无论谁，都要珍惜时光，从现在做起，不能只感叹时光的匆匆。当下是过去的继续，又是未来的准备。如果没有现在的努力，就没有未来的收获。

初到台州短短的两个月里，除了上述提的文章和新诗，朱自清还发表了杂感《离婚问题与将来的人生》，诗论《短诗与长诗》。而和俞平伯的多封通信，事实上也是文章的另一种形式。仅从创作的勤奋来说，朱自清实践了他要珍惜时间的"承诺"。但他还是觉得自己的"力量"不足，不能和逝去的时光作持久的对抗，感到自己的作品进步不大。在 1922 年 4 月 13 日致俞平伯的信中说："我因自己只能作嘤嘤之鸣，所以颇爱读别人浩浩荡荡、悲歌壮舞的作品，看了也格外契心。近来读白情诗（尤其是《鸭绿江以东》一类的作品），读《乐谱中之一行》，读屠格涅夫《前夜》底译本，皆足令我男儿之火中烧，深以惓伏为耻！但此情绪终难持久，故还是不能长进！"朱自清对自己的要求真是太严了。看了名家和同学（康白情）的好作品，深深感到自己的不足，甚至有一种耻辱感。

也许几个月后，他和俞平伯、郑振铎泛舟西湖时，萌发的关于人生价值的讨论，在台州就已埋下了种子吧。总体上讲，朱自清的性格属于内向型。但他内心自有一股涌动的潜流，有时也会掀起巨大的波浪，把潜藏的对于美好人生的热望激发出来，所以才有这种自愧弗如之感吧。

1922年4月26日，朱自清离开他执教两个多月的台州六师，返回杭州。这次回杭，主要是因为他和"一师"还有合约在身，并没有完全脱离。此外，刚刚组织起来的小家庭还在杭州，他也想家了。如前所述，朱自清的短篇小说《别》里的伤情，是深有体会的，他也实在是惦念着在杭州的妻子儿女啊！而"六师"的同学们又不希望他离开，纷纷表达对他的留念。朱自清便向他们承诺，暑期后一定再回来。

果然，1923年9月，暑假一过，朱自清再次来到台州。这次和初来时不一样了，是携全家一同前来的。"六师"的学生们奔走相告，他们喜欢而崇拜的老师，不会再像上个学期那样教两个月就走了——夫人孩子都接来了。到了台州的当晚，就有学生来看他。由于一时还没有找到住所，便暂住在城里的一家叫"新嘉兴"的旅馆里，他不顾旅途疲劳和旅馆房间的狭小，

朱自清（台州）纪念馆

和同学们畅谈很久，暑假的见闻，学校的生活，未来的展望，自己创作的打算，真是无所不包。

在旅馆住了一宿后，第二天就在市区旧仓头找到了房子，房主姓杨。

2020年秋天，因为一部书稿的事，我和台州文学界的一位朋友有过几次电话联络，顺便聊了聊朱自清。朋友讲，"旧仓头杨姓房子"还在，已经被列为临海市文物保护单位了。这倒是个好消息，当年，24岁的朱自清就寓居在这幢房子的西角楼上。这真是要感谢临海人的用心。据朋友讲，某一年电视台拍有关朱自清的专题片，拍摄人员还沿着当年朱自清初到临海时坐轿子的路线走了一趟，朱自清是从灵江埠头上岸，依次经过江厦街、兴善门、寺直街、寺后街、竹园井、河头直街、卖茅桥、天灯巷，到达了"六师"。只是这些街巷早已面目全非了，比如朱自清走过的河头直街，如今已经变成宽坦的赤城路了。1922年4月27日，朱自清在回杭州途中，写了一首《侮辱》的诗，诗后的落款是"海门上海船中"。我还问了台州的朋友，"海门"这个地名还能找到吗？朋友说地名一直沿用至今，就在她家附近，紧靠着椒江，是当年重要的码头。朱自清当年就是从这里上船取道上海回杭州的。5月初到达杭州，又写了一首《宴罢》，落款是"台州所感，作于杭州"。这些，都是朱自清留在台州的踪迹。

台州这座钟灵毓秀、有山有水的江南小城，还有这里的人和事，如果不是特别喜欢，朱自清不会走了又来，给他留下的印象，自然是极好的了，每当忆及，总饱含深情。多年后，他在散文《一封信》里深情地说，"我不忘记台州的山水，台州的紫藤花，台州的春日……"又追忆道："说起紫藤花，我真爱那紫藤花！在那样朴陋——现在大概不那样朴陋了吧——的房子里，庭院中，竟有那样雄伟，那样繁华的紫藤花，真令我十二分惊诧！她的雄伟与繁华遮住了那朴陋，使人一对照，反觉朴陋倒是不可少似的，使人幻想'美好的昔日'！我也曾几度在花下徘徊：那时学生都上课去了，只剩我一人。暖和的晴日，鲜艳的花色，嗡嗡的蜜蜂，酝酿着一庭的春意。我自己如浮在茫茫的春之海里，不知怎么是好！那花真好看：苍老虬劲的枝干，这么粗这么粗的枝干，宛转腾挪而上；谁知她的纤指会那样嫩，那样艳丽呢？那花真好看：一缕缕垂垂的细丝，将她们悬在那皱裂的臂上，临风婀娜，真像嘻嘻哈哈的小姑娘，真像凝妆的少妇，像两颊又像双臂，像胭脂又像粉……我在他们下课的时候，又曾几度在楼头眺望：那丰姿更是撩人：云哟，霞哟，仙女哟！我离开台州以后，永远没见过那样好的紫藤花，我真惦记她，我真妒羡你们！"

不仅是紫藤花，台州别的景色也同样让朱自清难以忘怀："南山殿望江楼上看浮桥（现在早已没有了），看憧憧的人在长长的桥上往来着；东湖水阁上，九折桥上看柳色和水光，看钓鱼的人；府后山沿路看田野，看天；南门外看梨花——再回到北固山，冬天在医院前看山上的雪；都是我喜欢的。说来可笑，我还记得我从前住过的旧仓头杨姓的房子里的一张画桌；那是一张红漆的，一丈光景长而狭的画桌，我放它在我楼上的窗前，在上面读书，和人谈话，过了我半年的生活。现在想已搁起来无人用了吧？唉！"

朱自清一家四口在台州过了一个冬天，"台州是个山城，可以说在一个大谷里。只有一条二里长的大街。别的路上白天简直不大见人；晚上一片漆黑。偶尔人家窗户里透出一点灯光，还有走路的拿着的火把；但那是少极了。我们住在山脚下。有的是山上松林里的风声，跟天上一只两只的鸟影。夏末到那里，春初便走，却好像老在过着冬天似的；可是即便真冬天也并不冷"(《冬天》)。就是这么一个街道简朴的台州，却给朱自清带来诸多美好的记忆，特别是温馨的家庭生活，更让他久久不能忘怀。在《冬天》里，朱自清怀着欣喜的心情写道：

> 我们住在楼上，书房临着大路；路上有人说话，可以清清楚楚地听见。但因为走路的人太少了，间或有点说话的声音，听起来还只当远风送来的，想不到就在窗外。我们是外路人，除上学校去之外，常只在家里坐着。妻也惯了那寂寞，只和我们爷儿们守着。外边虽老是冬天，家里却老是春天。有一回我上街去，回来的时候，楼下厨房的大方窗开着，并排地挨着她们母子三个；三张脸都带着天真微笑地向着我。似乎台州空空的，只有我们四人；天地空空的，也只有我们四人。
>
> ……

妻子在旁、儿女承欢膝下的欢乐真让人羡慕啊——朱自清回家时，看到厨房的窗户里"并排地挨着她们母子三个；三张脸都带着天真微笑地向着我"。这个画面真是太美了。不要说朱自清把整个台州都看得"空空的，只有我们四人"了，就是多年后，我们在阅读时，同样能感受到一家人生活在一起的温馨和美满，能感受到朱自清一进家门，两个孩子便围上来的亲热劲儿。老大迈先已经能玩耍调皮了，女儿采芷尚小，也1岁多了，正牙牙学语，朱自清会抱起她，在她粉嘟嘟的小脸蛋上亲亲。至于能干而贤惠的夫人武钟谦，朱自清对她更是充满深情："那回我从家乡一个中学半途辞职出走。家里人讽你也走。哪里走！只得硬着头皮往你家去。那时你家像个冰窖子，你们在窖里足足住了三个月。好容易我才将你们领出来了，一同上外省去。小家庭这样组织起来了。你虽不是什么阔小姐，可也是自小娇生惯养的，做起主妇来，什么都得干一两手；你居然做下去了，而且高高兴兴地做下去了。菜照例满是你做，可是吃的都是我们；你至多夹上两三筷子就算了。你的菜做得不坏，有一位老在行大大地夸奖过你。你洗衣服也不错，夏天我的绸大褂大概总是你亲自动手。"（《给亡妇》）

朱自清的散文名篇《冬天》大约写于1933年11月，文中写台州的冬天，写台州冬天一家子温暖的小生活，末了有这样的话："那时是民国十年，妻刚从家里出来，满自在。现在她死了快四年了，我却还老记着她那微笑的影子。"又说，"无论怎么冷，大风大雪，想到这些，我心上总是温暖的"。这样的怀念真让人动容。

　　然而，和许许多多家庭一样，也和许许多多年轻的父亲一样，朱自清有时候也会生孩子们的气。朱自清在1928年6月24日写的散文《儿女》中也提到《冬天》里的两个孩子："我结婚那一年，才十九岁。二十一岁，有了阿九；二十三岁，又有了阿菜。那时我正像一匹野马，哪能容忍这些累赘的鞍鞯，辔头，和缰绳？摆脱也知是不行的，但不自觉地时时在摆脱着。现在回想起来，那些日子，真苦了这两个孩子；真是难以宽宥的种种暴行呢！阿九才两岁半的样子，我们住在杭州的学校里。不知怎的，这孩子特别爱哭，又特别怕生人。一不见了母亲，或来了客，就哇哇地哭起来了。学校里住着许多人，我不能让他扰着他们，而客人也总是常有的；我懊恼极了，有一回，特地骗出了妻，关了门，将他按在地下打了一顿。这件事，妻到现在说起来，还觉得有些不忍；她说我的手太辣了，到底还是两岁半的孩子！我近年常想着那时的光景，也觉黯然。阿菜在台州，那是更小了；才过了周岁，还不大会走路。也是为了缠着母亲的缘故吧，我将她紧紧地按在墙角里，直哭喊了三四分钟；因此生了好几天病。妻说，那时真寒心呢！"

　　这里的阿九就是长子朱迈先，阿菜就是长女采芷。朱自清对自己的"暴行"是怀着深深的忏悔之意的。

　　朱自清前后两次来台州，第一次只两个月多一点，第二次是整整一学期，除去中间在杭州的几个月，在台州的时间还不足一年，但在朱自清的人生长河中是极其重要的一站：把小家搬出来了；创作上也有可观的成果，《匆匆》和《毁灭》堪称朱自清散文和诗歌的代表作之一；而《毁灭》一诗，足足用了半年时间才告写完。此外，他还开始了一生中最重要的一次讨论（关于人生和刹那主义）。

　　一年的台州生活，到1923年2月结束了，就像他在不断探寻人生的意义一样，他又踏上了新的旅途。据说，朱自清在台州亲手种植过一株紫藤。那是他喜欢的紫藤。每当紫藤花开时，那淡淡的馨香是否会飘过重山，萦绕于他的案头呢？

由《毁灭》而开展的"人生"问题的讨论

......

白云中有我，

天风的飘飘，

深渊中有我，

伏流的滔滔；

只在青青的，青青的土泥上，

不曾印着浅浅的，隐隐约约的，我的足迹！

我流离转徙，

我流离转徙；

脚尖儿踏呀，

却踏不上自己的国土！

在风尘里老了，

在风尘里衰了，

仅存一个懒恹恹的身子，

几堆黑簇簇的影子！

幻灭的开场，

我尽思尽想：

"亲亲的，虽渺渺的，

我的故乡——我的故乡！

……

——朱自清《毁灭》

朱自清的《毁灭》可以称得上白话诗发展史上的第一首长诗。最初发表在 1923 年 3 月 10 日《小说月报》第 14 卷第 3 号上。王瑶在《中国新文学史稿》里评价说，这首诗是"五四以来无论在意境上和技巧上都超过当时水平的力作"。这样的评价是不过分的。

朱自清这首诗的最初萌芽，是于杭州西湖的夜游中。时间大约是在 1922 年 6 月上旬。这时候的西湖，水盈波轻，花盛草绿，蓝天上白云悠悠，湖岸边燕舞莺歌，初夏虽至，天气还不甚炎热，最适合游览，也是夜游的最好节气。朱自清那天夜游西湖，起因大概是郑振铎从上海来到杭州，俞平伯和朱自清出面接待，饮酒吃茶之后，趁兴登舟，游赏西湖夜景。这学期开

20 世纪初的杭州西湖

始，朱自清本来是在台州六师任教，因和"一师"还没有脱离关系，在"一师"校长马叙伦的要求下和同学们的请求下，只好学期中期回来。1922 年 4 月 26 日，他从台州来杭前，对恋恋不舍的"六师"学生承诺，暑假后还会到"六师"来任教，还会和同学们打成一片。所以这一时期的杭州，对他来说，不过是暂时的停留，和"一师"的学生，还有好友如俞平伯，大约没少见面，也没少聊文学，聊人生，聊世相。这次陪郑振铎夜游西湖，朱自清也不会想到，竟是一连游了三个夜晚。具体聊些什么不得而知，但可以肯定的是，就是在这次畅游和毫无顾虑的交谈中，激发了诗人的感慨，触发了长诗《毁灭》的写作动机。朱自清深情地说："因湖上三夜的畅游，教我觉得飘飘然如轻烟，如浮云，丝毫立不定脚跟。常时颇以诱惑的纠缠为苦，而呕呕求毁灭。"（《毁灭·小序》）可见，交往和游历，特别是和心仪的朋友倾心长谈，会激发诗人内心深藏的诗情。这次游览，俞平伯也有小诗一首《倦》。俞平伯没有写出像朱自清这样的长诗来，可能是他此时正热心《红楼梦》研究的缘故吧。能在这次夜游后诞生一首不朽的《毁灭》，已经足够了。

杭州我去过几次，好地方也跑过不少，当然也少不了到西湖去逛逛，印象最深的是西湖边上一家挨一家的茶楼。有一次，竟然也效仿古人夜游西湖，而且留下深刻印记，那便是2009年春夏之交，和朋友们在杭州玩了几天，品过了龙井，看过了九溪十八涧，有一天晚上在西湖边的一家饭店吃完饭，带着微微的酒意，去湖边散步。同行的有作家李惊涛、张亦辉、李建军，摄影家陈庆港等人。此时正是晚上八九点钟的样子，湖上有微风轻轻吹来，捎着湖面湿湿的水汽，拂在脸上，柔柔爽爽清新怡人。湖边有高大的绿叶树，树下是花草和绿化带，紧贴着湖水。路灯的光影特别稀薄，辨别不出树木和花草的面目，只是影影绰绰的。但是，在路灯朦胧的照耀中，透过绿化带和不知何种植物的宽阔的叶，可以看到湖面上一盏盏微微的灯光和微微光晕照射下的夜色的湖，湖里闪动的波光忽明忽暗的，待仔细一瞧，原来是一艘艘小船。船上有挑起的灯笼——便是那点点微光了。或有三两好友坐在船头，或是一对情侣相依而坐，他们都在湖面上慢吞吞地漂移，船尾的船夫，小半天才轻划橹桨，也是悄无声息般的轻，怕惊动了湖的好梦。也有的在喁喁小谈，或响起曼妙的嬉笑声。偶尔有返航的快船，从他们身边快速地穿过。奇怪的是返航快船的船夫们划船的声音也极小，轻得几乎忽略不计，完全不像要去赶另一趟生意。我们几个人呆呆地伫立湖岸，看着浩渺的夜色下无际的湖水，任湖风在我们皮肤上轻柔滑过。远处便是城市灿烂的灯火，那里肯定人声喧哗，车水马龙。而湖里游船上的人能在城市一隅，消闲这片刻的宁静与湖光水色的曼妙，实在是难得啊！

不知怎的，我一下子穿越到了民国初期的西湖，那时候，俞平伯家住在湖楼，即俞楼，那是一幢精巧的建筑，名气太响了，是他曾祖父授课著书的地方。年轻的俞平伯能够住在这里，以湖山为伴，真是莫大的幸福啊！连带的，他的许多好友，郑振铎、叶圣陶，还有朱自清，也经常成为湖楼的座上宾，泛舟湖上，倾心长谈……

朱自清和好友一连三日的夜游，谈话想必十分的投缘，否则不会一而再再而三地流连在西湖。但依他们各自的个性，能够想象他们雅集时的形态和在小舟上畅聊的样子，或许也会有争执，或许也会有不同的感慨，气氛总之是融洽的，就像这西湖的水一样温润。就是在这样看似不经意的闲谈中，朱自清思想的火花开始跳跃、闪烁，产生了关于人生意义的思考。

《毁灭》的种子既然在西湖温润的夜色中种下了，便渐渐开始萌芽。暑假期间，朱自清接连参加社会活动，比如 1922 年 7 月初一连三天，也是在西湖游船上，他热情参加了少年中国学会第四次会员大会，并担任大会书记，负责记录。7 月 7 日上午和俞平伯同行至上海，下午兴致勃勃去访问郑振铎，8 日参加文学研究会召开的"南方会员会"，有郑振铎、沈雁冰、叶圣陶、胡愈之等十九人，晚上在一品香聚餐，欢送俞平伯赴美考察，9 日和郑振铎、刘延陵一起去码头送别俞平伯，一直忙到 21 日，才携家眷回扬州过暑假。一连串的忙碌，没有停止他的思索，特别是在归家途中所乘的小火轮上，目睹商贩乞丐等底层民众为求生存而痛苦挣扎的情景，深有感触，写下了小诗《小舱中的现代》，对他们深表同情，同时也对社会现状产生了疑惑。这首小诗算是《毁灭》的预热吧。

也正是在扬州的假期里，朱自清酝酿已久的《毁灭》，逐渐在脑海中形成轮廓，再经过细密的发酵后，满怀激情地开始了写作。但扬州的家里琐事实在太多，而且还可能有不顺心的事情，因此只写了开头，便被迫放下了。朱自清在《毁灭》小序中也有说明，"暑假回家，却写了一节"。时间真快，一晃一个假期就过去了。9 月初，朱自清携家眷赴台州，继续到浙江省第六师范任教，他的随行的包袱里，便有这写了一节的《毁灭》。朱自清的学生陈中舫回忆说：朱自清刚到台州，"因为没有找到城里的住屋，所以他就在新嘉兴旅馆暂住一夜。我们约了几个朋友，趁夜去看他。……后来他摸摸他身边的袋子，打开一个小皮包，扯出一卷的稿纸给我们看，就是这篇《毁灭》的稿子。他说：'这是我在杭州游湖后的感想，我近来觉得生命如浮云轻烟，颇以诱惑为苦，欲亟求毁灭。此诗，这里只写成两节，全首还有许多，现在没有功夫及此。'"朱自清说的是实情，一旦工作了，是极其认真的，只在课余的短暂时间，才用来思考和写作，其间，还要和文友们通信，和学生交流。陈中舫接着说："或是凉风吹拂的清晨，或是夕阳斜睨着的傍晚，或是灯光荧荧的良夜；我们时常在他的楼上；时而质疑谈说；或是翻阅书报及一师的同学们寄来叫他批改的稿子；他又批改了我们不少的稿件，他又要编讲稿，又要看书报，所以他可以创作他自己的作品的时间很少。"（《朱自清君的〈毁灭〉》）

是的，忙碌，奔波，是那一时期朱自清的"主旋律"。这样的"旋律"一直延续着，连带着催生了他的《毁灭》的写作。

俞平伯在他的散文《东游杂志》第八节中说：六月"与振铎、佩弦等泛舟西湖上，欢谈未毕，继以高歌，以中夜时分，到三潭印月，步行曲桥上，时闻犬吠声；其苦乐迥不相侔。是知境无哀乐，缘情而生，情化后的景物，方是人间之趣。形之歌咏，惟此而已"。这样的"欢谈"和"歌咏"，因俞平伯要到美国留学考察而告一段落。但他一直惦记着朱自清，1922年10月28日至30日，他在加拿大太平洋列车上，见窗外衰草金黄，不觉忆及"前与佩弦在吴淞言拟作一诗，名《黄金的薄暮》，恍如昨日，却又一年了"。待俞平伯1922年11月回国后，即收到朱自清来信，开始讨论人生哲学和对生活的态度。朱自清在信中说："我自今夏和兄等作湖上之游后，极感到诱惑底力量，颓废底滋味，与现代底烦恼。……我一面感到这些，一面却也感到同程度的怅惘。因怅惘而感到空虚，在还有残存的生活时所不能堪的！我不堪这个空虚，便觉飘飘然终是不成，只有转向，才可比较安心——比较能使感情平静。于是我的生活里便起了一个转机。暑假中在家，和种种铁颜的事实接触之后，更觉颓废不下去，于是便决定了我的刹那主义！……我第一要使生活底各个过程都有它独立之意义和价值。——每一刹那有每一刹那的意义和价值！……我们只需'鸟瞰'地认明每一刹那自己的地位，极力求这一刹那里充分的发展，便是有趣味的事，便是安定的生活。"这可以说是朱自清的"顿悟"之语，"总之，平常地说，我只是在行为上主张一种日常生活的中和主义"。

"每一刹那有每一刹那的意义和价值"，这便是朱自清"颓废不下去"的顿悟所得。

我曾听过著名作家、清华大学教授格非先生的一个讲座，他在讲述托尔斯泰的《忏悔录》时，对托尔斯泰式的苦闷做了阐述，托尔斯泰认为，人生本来是无意义的。当人们意识到痛苦、衰老、死亡不可避免后，是不是就无法生活下去了呢？如何能使自己超脱尘世，并舍弃任何生存的可能性，是否只有自杀或产生自杀的念头呢？在目前的情况下，要想摆脱托尔斯泰那样的处境，大致有四种方法：一是浑浑噩噩，对于生命是罪恶和荒谬一无所知。二是寻欢作乐，因为知道了生命没有指望，便享用现有的幸福。三是使用暴力，是因为理解了生命是罪恶和荒谬之后，只有毁灭。四是无所作为，是因为理解了生命是罪恶和荒谬之后，继续苟延残喘。格非讲到这里，举了一个例子，也可能是《忏悔录》里的故事，他说，归根到底，人生的选择是有限的，因为当我们知道，还有三十年或五十年，我们将离开这个世界时，那是何等的恐惧。但并不是说有了恐惧，我们就放弃生命，放弃快乐。他先举一个二战期间的例子，法西斯德国在集中营里，把无数犹太人赶往焚尸炉里时，在长长的队伍里，有一个10来岁的美丽小姑娘，她一边随着人流向前移动，一边手捧一本书，读得津津有味。一个法西斯拦下她，问，你不知道你此时是干什么去的吗？小姑娘说，知道。法西斯问，那你读书还有什么意义？小姑娘微笑着说，这本书好看，我还没有读完，我阅读是因为我喜欢，读书会给我带来快乐。格非说，这是二战电影里的一个镜头，当我们看到这里时，相信谁都会泪水盈眶。那么托尔斯泰把一个人置身在这样一个环境，一口深井里，有无数毒蛇，掉下去必死无疑，而在井边上，有一只凶狠的饿虎，也正等着他填肚子。而此时，他双手吊在一根斜伸到井口上方的树枝上。危险暂时排除，因为井底的毒蛇咬不到，老虎也奈何不了。正在得意时，他看到树上有两只老鼠，一白一黑，正在慢慢地啃咬树干。尽管啃咬得很缓慢，但他知道迟早树干会被咬断，他会掉进井里，成为毒蛇的美味。正在他绝望时，在他头顶的上方的一个蜂巢里，流出的蜜，已经流到他嘴边的一片树叶上。他开始伸出舌头，舔食树叶上的蜜，享受这片刻的快乐——片刻的快乐也是快乐啊。

　　格非先生的这段讲述，让我自然地对应了朱自清的"刹那"主义，"每一刹那有每一刹那的意义和价值"。朱自清在北大读的是哲学系。他对人生的思考，必定掺杂了哲学的思维，加之现实生活给他的启发，才会产生这样的思想，才会把这样的思想，想方设法用诗歌来表现。朱自清就是在这样一边思索一边教学中，一边加紧了《毁灭》的写作。可以说"六师"的同学们见证明了朱自清这一阶段的工作。

　　1922年12月9日，他费时半年的力作《毁灭》终于完稿。陈中舫在《朱自清君的〈毁灭〉》一文里继续说：《毁灭》的原稿是每句分行写的；粘接起来，稿纸有二丈多长。他写完这稿，也没有重抄的工夫，所以我们于课余的时候，帮他重抄一份。"朱自清把稿子投给《小说月报》之后，对诗中表现的"人生"主题并没有停止，"刹那主义"还在他心中萦绕不去，他继续思考，继续寻找答案。1923 年 1 月 13 日，在致俞平伯的信中，他说："至于这刹那以前的种种，我是追不回来，可以无庸过问；这刹那以后，还未到来，我也不必费心去筹虑。我觉我们'现在'的生活里，往往只'惆怅着过去，忧虑着将来'，将工夫都费去了，将眼前应该做的事都丢下了，又添了以后惆怅的资料。这真是自寻烦恼！"

很快，《毁灭》便在《小说月报》1923 年 3 月 10 日出版的第 14 卷第 3 号上发表，一时间，引起各方讨论，许多人都纷纷撰写评论。4 月 10 日，朱自清兴致不减，继续致信俞平伯，讨论人生问题。看来，他是一定要和这位知心好友把心中的苦闷弄得明明白白了。他在信中说："我们不必谈生之苦闷，只本本分分做一个寻常人罢。……这种既不执着，也不绝灭的中性人生观，大约为我们所共信。于是赞颂与诅咒杂作，自抑与自尊互乘，仿佛已成为没旨气、没趣味的妄人了。其实我们自省也还不至于如此。但在行为上既表现不出来，说得好一点是'和光同尘'，说得不客气些，简直是'同流合污'了。我们虽不介意于傥来的毁誉，但这样的一年一年的漂泊着，即不为没出息，也可以算得没味了。如何能使来年来月来日的生活，比今年今月今日有味些？这便是目下的大问题。"朱自清思考的问题，并不局限于他本人的境遇，但和他本人的境遇肯定是有关联的。朱自清具有哲学家的思辨，而他的哲学观人生观并不是钻在象牙塔里，而是直面现实，问题看似简单，却包含着复杂的社会因素。这时候的俞平伯划时代著作《红楼梦辨》已经由上海亚东图书馆出版，继续写作诗集《忆》里的部分篇章。在收到朱自清的信后，也开始思索，并着手《毁灭》的评论写作。

这时候的朱自清和俞平伯，可谓双星闪耀，在文学的各个领域施展自己的才华，颇有相互追赶的意思。就在《毁灭》发表不久，朱自清文学创作中的重要作品之一、也是他不多的短篇小说代表作《笑的历史》于1923年4月28日杀青。这篇小说，可以说是"人生"问题探讨的一个延伸，只是由诗而小说罢了。小说是以他爱人武钟谦为原型，用第一人称"我"，来讲述一个原本爱笑的善良女性，出嫁后遇到的种种烦恼，以笑为主线，由原来爱笑而不敢笑、最后不愿笑以至于厌恶笑的情感历程。小说描写的"我"的不少境遇，和他的散文《给亡妇》里武钟谦所受的委屈多有相似之处，让人读来唏嘘不已。

朱自清上述写给俞平伯的三封关于人生哲学和生活态度讨论的信，从1922年11月7日开始，到1923年4月10日，历时近一年。其间虽然经历杭州至台州至温州的迁徙和颠簸，人该有怎样的"人生"一直都是朱自清思索的重要问题，创作上也基本围绕这一主题展开，从《毁灭》到《笑的历史》，所探讨的都是关于人该有怎样的人生。而引起朱自清思索这一问题的动因，是源于1922年6月上旬，源于那次难忘的西湖三日的夜游。俞平伯说《毁灭》"是呻吟，也是口令，是怯者的，也是勇者的叫声"。是的，"徘徊悲哀的情绪，挣扎向前的精神"，是这首诗的基本格调。"理不清现在，摸不着将来"的郁结，是这首诗的情结。"待顺流而下罢，空辜负了天生的我，待逆流而上啊，又惭愧无力"。朱自清所探讨的人生，就是这样的两难。而这样的境遇也是大多数人感同身受的。

一向温和的俞平伯，是这样评论《毁灭》的："从诗史而观，所谓变迁，所谓革命，决不仅是——也不必是推倒从前的坛坫，打破从前的桎梏；最主要的是建竖新的旗帜，开辟新的疆土，越乎前人而与之代兴。"俞平伯还认为，朱自清的《毁灭》，即以技术而论，"在诗坛上，亦占有很高的位置，我们可以说，这诗的风格意境音调是能在中国古代传统的一切诗词以外，另标一帜的"。

温州的踪迹

　　1923年早春二月，朱自清离开他喜欢的台州六师，带着家眷到温州教书了。

　　朱自清到温州十中任教，和好友周予同有关系。周予同是浙江瑞安人，和朱自清几乎同时在北京读书，朱自清读的是北京大学，周予同读的是北京高等师范学校，并以第一名的优异成绩毕业。毕业后即进入上海的商务印书馆工作，任《教育杂志》主笔。他也是文学研究会主要成员，和朱自清相互景仰。朱自清曾和周予同、俞平伯、叶圣陶、郑振铎等人在上海雅聚多次，相聊甚欢。再说温州十中师范部主任金嵘轩是周予同的老乡，又是朋友。大约金嵘轩曾因为学校的师资和周予同闲谈过，周便推荐了朱自清。朱自清不仅毕业于名校，是新文学创作的中坚分子，又在一度是新文学重镇的浙江一师任过教，和俞平伯、刘延陵等人号称"后四大金刚"，能礼请到朱自清来温州十中教书，当然是一块招牌了。金嵘轩立即向校方提议。这才促成朱自清温州从教的经历。

朱自清一家到了温州之后，先住在大士门，时间不长，大士门失火，又搬到朔门街四营堂 34 号，此后便一直居住在那里，直到一家搬到白马湖。张如元在《朱自清先生在温州》（《浙江学刊》1984 年第 6 期）里说："四营堂住处是一处有围墙的老式两进平房，前后都有院子。他住靠大门的两间厢房，外间住家属，内间的前半间是他的书房，后半间作灶房用。厢房外有花墙把大院子隔开。自成一个小庭院，环境很清幽。"金溟若在《怀念朱自清先生》中也介绍道："那是一间狭长的横轩，给一张学校里借了来的学生自修桌挤得结结实实的。桌子紧靠在前方的双扇门下，只剩下靠壁约二尺许的空隙，是朱先生摆坐椅的地方。"虽然说环境清幽，但我觉得住得还是逼仄了些，毕竟朱自清一家此时已四口人了，书房和灶间放在一起，外间当一家人的卧室，还有桌凳，怎么说也不宽敞的。

当时的温州，社会风气在保守中蠢蠢欲动，在中学里，学生还写那些半文半白的八股式命题作文，朱自清来了之后，由于实行自己的一套教学方法，开始并没有得到学生的理解。陈天伦在《敬悼朱自清师》里回忆说："民国十二年，我在温州中学初二读书，朱先生来教国文，矮矮的，胖胖的，浓眉平头，白皙的四方脸。经常提一个黑色皮包，装满了书，不迟到，不早退。管教严，分数紧，课外另有作业，不能误期，不能敷衍。最初我们对他都无好感，至少觉得他比旁的先生特别：噜嗦多事，刻板严厉。"但是，渐渐的，学生们理解了朱自清教学的妙处，知道他们的老师在白话新文学方面已经取得了很高的成就，不少人甚至也想学朱自清这样成为一个新时代的作家。而朱自清也适时地鼓励学生多读多写白话文，介绍他们读新文学杂志。学生们对他迅速有了好感，陈天伦又说："说起他教书的态度和方法，真是亲切而严格，别致而善诱。那个时候，我们读和写，都是文言文。朱先生一上来，就鼓励我们多读多作白话文。《窗外》《书的自叙》……是他出的作文题目，并且要我们自由命题，这在做惯了《小楼听雨记》《说菊》之类的文言文的我们，得了不少思想上和文笔上的解放。"同一种教学方法，由于喜欢程度不一样，感想也就不一样，"噜嗦多事，刻板严厉"，变成了"别致而善诱"。时间不久，"各年级学生都急着要求他教课，他只得尽可能多担任些钟点，奔波于两部之间"（朱维之《佩弦先生在温州》）。当时温州十中的中学部和师范部是分开两地教学的。朱自清为了满足校方和学生的需求，只得两边兼顾。但他"不因课多而敷衍，每每拭汗上讲台，发下许多讲义，认真讲解。我们坐在讲台下边，望着他那丰满而凸出的脑袋，听他流水般滔滔不绝的声调，大有高山仰止之概"。

在朱自清的影响下，当地的文学气氛渐浓，连日报副刊上的文学作品也多了起来。不少学生在他的影响下，也积极投入新文学的创作中，比如后来在台湾多所学校任教的翻译家金溟若先生，就受到过朱自清的提携，而他的父亲金嵘轩也正是温州十中的校长，金溟若在《怀念朱自清先生》一文中回忆说："我去叩访朱先生四营堂巷的寓邸时，距我中学毕业之期，只有四个多月了……我追随朱先生半年，慢慢地知道运用中国文字。我写出了第一篇用中国文字写成的散文，题为《孤人杂记》。朱先生看了，居然很欣赏，把它寄给了《时事新报》的《学灯》上发表，并为我取了'溟若'两字，作为笔名。这是我的第一篇散文。后来又写了一篇《我来自东》，朱先生也要了去，刊在《我们的七月》上。"《我们的七月》是朱自清和俞平伯合办的同人杂志，看来朱自清是把金溟若当成自家人了。通过学生们的回忆，朱自清一个教育家形象更加鲜活地出现于我们的眼前。而他对于文学青年的提携，不论是在浙江一师，还是在台州六师、温州十中（师范），都是一如既往地负责任，不少人都是因为听他的课或受他的影响而走上了文学道路。金溟若便是这样。在朱自清的帮助下，金溟若一度也潜心于文学创作，在《怀念朱自清先生》一文中，金溟若继续回忆了他受朱自清影响而进行的创作和投稿情况以及在上海见面的往事："我于一九二三年冬到上海，朱先生好像是第二年暑假离开温州，到了北平（实是于 1924 年春离开温州，到白马湖畔春晖中学，1925 年 8 月到了清华）。他受聘清华，曾一度回南，也许是接师母来着。当时我在上海读大学，一面替北新译《有岛武郎全集》。小峰替我在同孚路租下一间房子，常常彻夜不眠地写，但结果仅完成了一本记米勒、罗丹，及惠特曼的评传《叛逆者》，刊在郁达夫和周树人合编的《奔流》（北新发行）上。另有两三篇有岛武郎的小说，则寄给了商务的《东方杂志》和《小说月报》，始终没有成书。朱先生南回正在那个时候，他来同孚路找我未遇，当天晚上我到闸北叶（圣陶）家去看他，谈了一回别后的情况，约定第二天在开明编译所见面。在开明见面时，记得还有夏丏尊、方光涛、章克标、叶绍钧等，谈了一回北平的事和上海文坛的动态。那时创造社与文学研究会仍在闹别扭，新月的学院派与鲁迅则各树一帜，超乎这些的写作者，颇有左右做人难之感。从开明出来，陪朱先生绕了几个圈子，同到正兴馆吃饭时，他曾慨叹着说：'拿笔杆的人，最好不要卷入任何圈子里去。'这句话给我的印象很深。"

朱自清和老师们也关系融洽，经常相互走动、交往、品茗、欢聚，和相处融洽的同事还时有唱和。"十中"老师张楒在 1923 年 5 月 18 日写一首七律赠朱自清，篇名叫《赠十中国文同事朱佩弦先生》，朱自清也热情地以原韵和诗：

落拓江湖意气孤，敢将心事托菰芦。

逢君悦见百间屋，入洛追怀九老图。

燕国文章惊一代，草堂风韵照东都。

从今大道凭宗匠，勿向时人问指趋。

据说这是朱自清的存留下的第一首旧体诗。朱自清的家学比不上俞平伯，小时候也未见得有"对对子"的娱乐，创作上就不像俞平伯旧体诗、现代诗双管齐下。所以这首唱和诗也许并不高明，但双方之间的情感和尊重却是显而易见的。不久之后，朱自清还和台州六师校长郑鹤春一起在一家西餐馆宴请"十中"校长及新同事，宾主共二十六人之多，这一桌酒一直吃到晚上九点才散，推杯换盏间，谈得必定十分投缘。

朱自清和"十中"美术教师马孟容也有一段十分融洽的交往。由于朱自清和马孟容两家住得不远，朱自清常在散学回家或休息日去马家看其作画，谈论中国画派，特别是对花鸟画，朱自清常有自己的见解。后来马孟容在朱自清即将离开"十中"前，画了一幅尺幅不大的小横幅送给朱自清，画面上有海棠，有八哥，有月影，意境非常清幽，朱自清十分喜欢，拿回家后，经常拿出来观赏把玩，并兴致很高地写了一篇欣赏短文，这便是《温州的踪迹》里的首篇《"月朦胧，鸟朦胧，帘卷海棠红"》。朱自清写好文章后，又专门到马孟容的家里，登门拜谢，送上文稿，并说："日间端详大作，越看越可爱，夜间又仔细领略画中情韵，因忆唐明皇将美人喻花，而东坡咏海棠有'只恐夜深花睡去，故烧高烛照红妆'之句，乃反其意而以花比美人，如悟得大作中之海棠与月色中开得如许妩媚，鸟儿不肯睡去，原来皆为画中另有一玉人在哪！"（张如元《朱自清先生在温州》）可见朱自清也是性情中人，对喜欢的东西毫不掩饰，快意表达。朱自清在这篇短文中，对马氏的画欣赏备至：画的"上方的左角，斜着一卷绿色的帘子，稀疏而长；当纸的直处三分之一，横处三分之二。帘子中央，着一黄色的、茶壶嘴似的钩儿——就是所谓软金钩么？'钩弯'垂着双穗，石青色；丝缕微乱，若小曳于轻风中。纸右一圆月，淡淡的青光遍满纸上；月的纯净、柔软与平和，如一张睡美人的脸。从帘的上端向右斜伸而下，是一枝交缠的海棠花。花叶扶疏，上下错落着，共有五丛；或散或密，都玲珑有致。叶嫩绿色，仿佛掐得出水似的；在月光中掩映着，微微有浅深之别。花正盛开，红艳欲流；黄色的雄蕊历历的，闪闪的。衬托在丛绿之间，格外觉着妖娆了。枝欹斜而腾挪，如少女的一只臂膊。枝上歇着一对黑色的八哥，背着月光，向着帘里。一只歇得高些，小小的眼儿半睁半闭的，似乎在入梦之前，还有所留恋似的。那低些的一只别过脸来对着这一只，已缩着颈儿睡了。帘下是空空的，不着一些痕迹"。又说，"试想在圆月朦胧之夜，海棠是这样的妩媚而嫣润；枝头的好鸟为什么却双栖而各梦呢？在这夜深人静的当儿，那高踞着的一只八哥儿，又为何尽撑着眼皮儿不肯睡去呢？他到底等什么来着？舍不得那淡淡的月儿么？舍不得那疏疏的帘儿么？不，不，不，您得到帘下去找，您得向帘中去找——您该找着那卷帘人了？他的情韵风怀，原是这样这样的哟！朦胧的岂独月呢，岂独鸟呢？但是，咫尺天涯，教我如何耐得？"这篇短文写于1924年2月1日，文笔非常传神，能感受并联想到画中的意境，仿佛这幅画，已经真实地呈现在我们的眼前。朱自清写这篇文章时，距他离开温州仅隔二十来天。温州也像这幅画一样，给他留下了许多丰富的想象。

朱自清虽然教务很忙，也会在节假日里邀请几个爱好文学的同学或和友人畅游温州附近的景点，1923年重阳节前后，他和马孟容等四人就去了仙岩的梅雨潭，散文名篇《绿》就是追忆的那次游踪。金溟若回忆说："朱先生的兴致很好，常由他主动要我邀人结伴去郊游。温州的近郊，都印下我们的足迹：我们到过三角门外，去看妙古寺的'猪头钟'；到江心寺后看古井；渡瓯江去白水漈；坐河船去探头陀寺，访仙岩的雷响潭和梅雨台。"朱自清另一个学生马星野在台北知燕出版社出版的周锦著的《朱自清研究》一书序中说："朱自清先生和几个学生到江北去玩，回来后写了《白水漈》。这次我没去……可朱先生却把《白水漈》写了条幅同送给我，并注记以未与我同游为憾。"

从这个小插曲中可以看出，朱自清是多么的重感情。

朱自清在温州十中，校方也十分器重他，委托他为"十中"作校歌。朱自清也没有推辞，经过酝酿，才情迸发，一挥而就：

　　雁山云影，

　　瓯海潮淙。

　　看钟灵毓秀，

　　桃李葱茏。

　　怀籀亭边勤讲诵，

　　中山精舍坐春风。

　　英奇匡国，

　　作圣启蒙。

　　上下古今一冶，

　　东西学艺攸同。

这是朱自清创作的第二首中学校歌。比起为扬州"江苏省立第八中学"所写的校歌，温州十中的校歌更深邃，更有气势，也更具"文艺"范。歌词中的"雁山"，就是雁荡山。某年夏天，单位组织活动，我在雁荡山游玩过几天，那里的山景最有特色，瀑布也多，且高高直挂下来，有婉约的，也有磅礴的，穿梭在各个高山峻岭间，被美丽的山色所感动，甚至晚间也在山上流连很久，看月光山影，久久不愿下山。雁荡山、瓯海潮，是最具温州特色的景观，朱自清起笔就抓住这两大特色，体现了温州这块风景壮阔的土地，以及悠久的历史和深厚的文化底蕴，接着自然过渡到"看钟灵毓秀""桃李葱茏"，最后是"上下古今一冶，东西学艺攸同"，勉励师生应该把古今中外的知识和学问融会贯通，铸造出新的知识和学问来。这首校歌歌词十分贴切，据说至今还在传唱。

在温州的一年，朱自清的创作也没有停手，他一面继续和俞平伯保持通信，讨论人生问题，一面在狭小的灶间里读书写作。可以简单勾勒一下，从1923年3月8日创作新诗《细雨》算起，有旧体诗《和十中同事张橚赠诗》，小说《笑的历史》，论文《文艺之力》《文艺的真实性》，歌词《浙江省立第十中学校歌》，序跋《〈梅花〉序》，翻译了美国《近代批评辑要》中的《心灵的漫游》，和俞平伯通信讨论人生，写下了"白话美文的模范"《桨声灯影里的秦淮河》与总题为《温州的踪迹》的部分篇章。如果单纯从字数和篇数上算，也许算不上大丰收，但却有两篇重要的散文，《桨声灯影里的秦淮河》和《温州的踪迹》里的《绿》，是他创作上的重要的里程碑之一。

在温州期间，有几个插曲对朱自清影响较大。其一，1923年7月30日，文学研究会主办的、在上海出版的《时事新报》

副刊《文学旬刊》改为《文学》周刊，朱自清被聘为二十五个特约撰稿者之一，另外二十四人也都是响当当的文学俊杰，他们是王统照、沈雁宾、沈泽民、周予同、周建人、俞平伯、胡愈之、许地山、陈望道、徐玉诺、徐志摩、郭绍虞、叶绍钧、耿济之、郑振铎、刘延陵、谢六逸、瞿世英、瞿秋白、严既澄、顾颉刚等，至此，《文学》周刊成为朱自清一个主要的发稿阵地。其二，朱自清次女逖先于1923年11月8日出生于温州。其三，加入了朴社，这也是一个同人组织，最早是由郑振铎提议的。我在《俞平伯的诗书人生》的《永恒的〈忆〉》里做过朴社的介绍："朴社的影响虽然不大，来头却相当了得，《顾颉刚全集》(中华书局)里有详细记载：1923年2月20日，顾氏致函郭绍虞，述及'朴社'问世经由。其云：'我们因为生计不能自己作主，使得生活永不能上轨道，受不到人生乐趣，所以结了二十人，从本年1月起，每人每月储存十元，预备自己印书，使得这二十人都可以一面做工人，一面做资本家；使得赚来的钱于心无愧，费去的力也不白白地送与别人。我们都希望你加入，想你必然允许我们的。我们的人名是振铎、雁冰、六逸、予同、圣陶、伯祥、愈之、介泉、缉熙、燕生、达夫、颂皋、平伯、济之、介之、天挺及我。我任了会计；伯祥任了书记。这社暂名为朴社……'看看这一串名单吧，哪一个不是新文化运动的顶级人物？据说，首先动议成立朴社的，是郑振铎，1923 年更早些时候，商务印书馆的几位编辑好友，在《小说月报》编辑郑振铎住处雅聚，谈古论今，十分投缘，郑振铎发牢骚道：'我们替馆里工作，一月才拿百元左右，可是出一本书，馆里就可赚几十万元，何苦来！还不如大家凑钱办一个书店。'听了郑振铎的提议，叶圣陶、顾颉刚、沈雁冰等予以响应。这就是朴社成立的由来，可以说是一个文友集资、自费出书、再赚钱的'俱乐部'。"我的这段话还是比较客观的。因为大家都是朋友，朱自清也于这年加入朴社，可能比首批成员略晚一些。但朱自清却可能也是第一个退出朴社的社员，时间是在 1924 年 9 月，原因说起来非常简单，也实在让人唏嘘——经济实在困难，每月十块钱，对朱自清来说，是个不小的开支。朱自清不得不致信好友周予同，请求出社。而更让人唏嘘的是，朱自清退出后，朴社也随之解散了。

朱自清虽然于 1924 年 2 月下旬离开温州，只身前往宁波白马湖春晖中学任教，但温州还有一大家人：武钟谦和三个孩子以及从扬州来帮助料理家务的母亲。他人虽不在温州，温州却还让他牵肠挂肚。

学生马星野

上文中提到的马星野，是朱自清在温州十中的好学生之一。马星野对朱自清的印象是这样的："我第一次看见佩弦先生，给我印象是一位又矮又胖、面色白中带红、衣服极其朴素而满面慈祥的青年人。当时，他已经结婚，而且已有小孩子。他住在永嘉某宅，家中显得十分清苦。"（马星野《哭朱自清先生》）在《和气春风朱自清——怀念我的中学老师》中又说："第十中学在永嘉城的仓桥。校园正中央是一泓碧水的'春草池'，是晋代大诗人谢灵运咏'池塘生春草'的地方。"

那时候，马星野是浙江温州第十中学二年级的学生，14岁，朱自清在这个班上教国文。马星野爱好新文学，课余时间读了不少新文学杂志，非常崇拜他的老师，在《我与朱自清先生》一文中，马星野回忆道："他鼓励我多写，要我在课外多读些文学方面的书。他那时写作很多，当他在接到稿费的时候，总不忘记买几本书给我共同欣赏。这一年间，他有名的长诗《毁灭》、小说《笑的历史》、散文《桨声灯影里的秦淮河》，都陆续发表了，每次我这个做学生的也分享了快乐和荣耀。"马星野还回忆了朱自清在假期中，带着学生们去江北看瀑布的情形，然后，对朱自清所写的著名的《白水漈》十分欣赏，经常诵读，该文全文如下：

几个朋友伴我游白水漈。

这也是个瀑布；但是太薄了，又太细了。有时闪着些须的白光；等你定睛看去，却又没有——只剩一片飞烟而已。从前有所谓"雾縠"，大概就是这样了。所以如此，全由于岩石中间突然空了一段；水到那里，无可凭依，凌虚飞下，便扯得又薄又细了。当那空处，最是奇迹。白光嬗为飞烟，已是影子；有时却连影子也不见。有时微风过来，用纤手挽着那影子，它便袅袅的成了一个软弧；但她的手才松，它又像橡皮带儿似的，立刻伏伏贴贴的缩回来了。我所以猜疑，或者另有双不可知的巧手，要将这些影子织成一个幻网。——微风想夺了她的，她怎么肯呢？

幻网里也许织着诱惑；我的依恋便是个老大的证据。

这篇短文很美，把白水漈的神韵写出来了。那天游玩时，因为马星野家里有事，没有跟着去，让他非常遗憾。后来，同学们中间，还经常讲述那次难忘的郊野之行，更让马星野心心念念地牵连着同学们和朱自清在一起时的欢声笑语。朱自清知道以后，专门用毛笔，把这篇短文抄成横幅送给马星野。马星野在《我与朱自清先生》中感叹道："他是一位老师，是已经成名了的大作家，而我却只是十四岁的少年学生，他这样做也真是太周到了。"在《和气春风朱自清——怀念我的中学老师》中，马星野又感叹说："他是一个绝对纯洁无瑕的人。对于文学，他把全生命灌注在里面，对于青年学生，全心全力教导，每逢他发现美好的文章，他必和我们共同欣赏。有一次，他拿到一本线装的苏曼殊《春雨楼诗集》，他找我到他办公室来共赏，高声在读：春雨楼头尺八箫，何时归看浙江潮。芒鞋破钵无人问，踏过樱花第几桥。万树垂杨任好风，斑骓西向水田束。一任碧桃花自艳，淀山湖外夕阳红。"马星野对朱自清能以这样的态度对待一个少年中学生，让他感佩很深，认为一个在全国新文学界知名度如此之高的大作家，能和他一起研读诗文，探讨学问，真是给了他莫大的鼓励，也给他之后的人生路多了一种选择。而朱自清也确实看好马星野的文采，经常给他的作文以好评，有一次，还在马星野的作文上批了两句诗："何事荆台百万家，独教宋玉擅才华。"马星野说："春草池这一年半的师生情谊，至今永不能忘。朱老师虽然人很矮小、害羞，没有很引人注意的才子气或英雄气。但他是一块美玉。他一句诗、一席话，都有值得长久回味的价值。"马星野的话是他的心里话，也是由衷的表达。但是他弄错了时间，朱自清在温州十中，没有一年半时间，是一年时间。

朱自清离开温州十中以后，还和马星野保持通信联系。而最让马星野感动和忘不了的事是1926年，马星野在厦门大学读书时，因家庭困难，缴不起学费，几乎要辍学。就在马星野一筹莫展几近绝望的时候，由开明书店寄来了四十块大洋，这才解决了马星野的问题，马星野马上就知道了，这是"朱先生一个字一个字写出来的稿费呢"！——朱自清知道马星野的情况后，特意从开明书店预支了稿费，解了他的燃眉之急。这让马星野终生难忘。但朱自清却从来不提，即便是1929年马星野在清华大学半年多时间里，经常去朱自清家拜访，朱自清也只跟他谈诗论文，不说过去对马星野的资助和爱护。在《和气春风朱自清——怀念我的中学老师》里，马星野继续写道："我以有他这位老师为荣。他也认为他教了五年中学，在中学生中也有忘不了他的人为满意。有时我有文章在报刊上发表，他总要看而批评一下。民国二十五年春暮，我与未婚妻辜祖文到朱老师故乡扬州一游，我写了《扬州印象记》，在南京报纸刊出。他居然看到了，对于我赞美扬州之景物，尤其是瘦西湖与平山堂，他大大高兴，写信告我。他是绍兴人，海州出生，在扬州长大，或者因为这二十四桥明月，使朱自清成为如此'多愁善感'的诗人。"

朱自清和马星野的情谊一直延续着。如前所述，朱自清在清华大学任教时，马星野因工作需要，到了清华半工半读，马星野在《和气春风朱自清——怀念我的中学老师》中说："民国十七年底十八年初，我在清华大学半工半读了半年，当时自清师任清华大学中国文学系主任兼大学图书馆馆长。他住南院，我同郭廷以、唐心一住北院。我常常散步到朱老师家中来。当时师母武氏虽有肺病，尚在主持家务。家中小孩越来越多（六个），朱老师爱妻子，也爱小孩。但是家庭负担太大，他赖清华一笔薪水及稿费过活，生活情形，虽然比温州时代好得多了，但比一般洋化的清华教授如王文显、杨振声等，那便差多了。朱师母是旧式女子，只知家事而毫无交际，又害着肺病。因为家中孩子的吵闹，所以清华园中的荷塘月色，对朱老师特别有吸引力。他的《荷塘月色》一文，便是在清华写的。"又说："在清华也同在温州一样，他发现了奇文美句，常要我去共赏。他很喜欢纳兰性德的《饮水词》，他带着一往情深的读它。有一次，他写了一首《浣溪纱》，不知是他做的，或是纳兰性德做的，给我看，我现在还能背得。"这首词是："落日圆时大漠黄，哀嘶征马未收缰，垂杨枝逐辘轳忙。奚事归人吟蜜炬？谁教游女并欢郎，闲眠滋味且思量。"师生二人一直保持着联系，马星野也一直念念不忘这位好老师。抗日战争前一年，马星野再次去清华园，还在朱自清家吃饭，那时的女主人已经是陈竹隐了，据马星野回忆，陈师母能做一手好菜，可惜朱自清当时的胃病已经很严重了，不能多吃，只能吃面包和牛油。

抗战期间，马星野出任《中央日报》主编，朱自清便把二儿子朱闰生交给马星野安排在他主持的报社做一名校对，解除了朱自清的后顾之忧。马星野在《和气春风朱自清——怀念我的中学老师》中回忆说："胜利还都后，失业问题很严重，我能够为朱老师解决一个问题，心中也觉得安些……夜深时往往到编辑部去看看，而且我是每天自己看大样后才睡的，所以总可以遇见闰生。"

当朱自清逝世的电报稿深夜传到南京《中央日报》时，马星野非常震惊，连夜赶写一篇悼念文章《哭朱自清先生》，第二天和新闻稿一起见报。这篇悼念文章，也是朱自清逝世后第一篇见报的悼念文章，文章中有这样的话："他是我平生最敬佩的人，他的高风亮节，他的完美人格和慈和的性情，同他的学问与文字，互相辉映，并垂不朽。"对朱自清文学创作的评价是："他的长诗及小说（散文），许多是中国新文学运动史上的不朽杰作。《毁灭》《桨声灯影里的秦淮河》等，都是初期新文学运动中的划时代界碑。"

马星野不仅第一个写文悼念朱自清，还利用他的关系，在南京开悼念活动，并和在南京的文化人段锡朋、罗家伦、陈雪屏、叶公超等先生一起，作为在南京文化堂召开追悼会的发起人。在《我与朱自清先生》一文中，马星野回忆了那天追悼会的场景："记得胡先生于演讲中特别提到：'佩弦是我初到北大哲学系时候的学生，他很安静，不爱活动，但是与他认识的人却都很喜欢和他做朋友，他就是这样一个善良的可爱的人。'"

　　在朱自清早期的学生当中，马星野是比较特别的一个，他在很多年以后，自己也垂垂老矣的时候，说他和朱自清的关系时说："我们一点也不像师生，像朋友，也如手足。"(《我永远忘不了朱自清老师》)

秦淮桨声寻灯影

1923 年 7 月 30 日，古城南京，热气逼人。

天色向晚时，熙熙攘攘的秦淮河边，走来两个身材偏矮的年轻先生——他们是五四之后崭露头角的著名作家、学者俞平伯和朱自清。

此时的南京，玄武湖边，旧城墙下，秦淮河畔，依然笙箫不绝，歌弦袅绕，一派旧式的繁华。两个青年知识分子，走在人群里，看上去并不出众，也许还有些普通，如果不是戴着近视眼镜，他们和夫子庙附近的一般游客并无二致。但是，镜片后面睿智的目光中，分明透出他们的才学和理想。他们刚刚吃完晚餐，"一盘豆腐干丝，两个烧饼"——夫子庙最寻常的小吃，也是最具江南特色的茶点，虽然不名贵，由于做法和用料十分考究，俞平伯和朱自清二人应该吃得很惬意的。但是，对于收入不薄的中学老师，此餐未免太简单了些。喝没喝一壶黄酒呢？豆腐干丝就黄酒，绝配的吃法，至今还受到江南人的青睐。朱自清和俞平伯虽然酒量都不大，还是喜欢喝一口。出门在外，又是友朋同行，不喝点老酒怎么能玩好——那么，还是喝了！

朱自清和俞平伯一前一后来到河埠码头。

被太阳暴晒一天的码头嘴上，还有许多乘风凉的游人不愿离去。正如俞平伯在《桨声灯影里的秦淮河》中所描述的那样，俞朱二人，"以歪歪的脚步踅上夫子庙前停泊着的画舫"，"懒洋洋躺到藤椅上去"之后，"船里便满载着"朦胧与怅惘了。"夕阳西去，皎月方来"，在苍黄灯光"晕"成的烟色暮霭里，听着时断时续的桨声，感受着被船桨撩起的清冽河水，细声慢语地谈论着往日秦淮，《桃花扇》里的歌妓和《板桥杂记》里的公子，仿佛亲见那时的华灯映水，仿佛目睹那时的画舫凌波了，便"一面有水阔天空之想，一面又憧憬着纸醉金迷之境"。再看朱自清在同题散文里的描写："秦淮河的水是碧阴阴的；看起来厚而不腻，或者是六朝金粉所凝么？我们初上船的时候，天色还未断黑，那漾漾的柔波是这样的恬静，委婉，使我们一面有水阔天空之想，一面又憧憬着纸醉金迷之境了。等到灯火明时，阴阴的变为沉沉了：黯淡的水光，像梦一般；那偶然闪烁着的光芒，就是梦的眼睛了。我们坐在舱前，因了那隆起的顶棚，仿佛总是昂着首向前走着似的；于是飘飘然如御风而行的我们，看着那些自在的湾泊着的船，船里走马灯般的人物，便像是下界一般，迢迢地远了，又像在雾里看花，尽朦朦胧胧的。这时我们已过了利涉桥，望见东关头了。"关于歌女的描写是这样的："沿路听见断续的歌声：有从沿河的妓楼飘来的，有从河上船里度来的。我们明知那些歌声，只是些因袭的言词，从生涩的歌喉里机械地发出来的；但它们经了夏夜的微风的吹漾和水波的摇拂，袅娜着到我们耳边的时候，已经不单是她们的歌声，而混着微风和河水的密语了。于是我们不得不被牵惹着，震撼着，相与浮沉于这歌声里了。"

对于这迷人的歌声，朱自清和俞平伯毕竟是绅士，虽然怡然自若仿佛梦回从前，仿佛浸濯其间，但是，待到梦被船舫歌女的唱声搅醒，终还是回到现实中。在俞平伯这篇散文中，多次记录了遭遇歌妓叨扰的事，而且，有多艘载着歌女的快船从他们身旁拍桨而过，留下顾盼的情笑和甜腻的粉香。俞平伯在《桨声灯影里的秦淮河》一文中写道：

> 时有小小的艇子急忙忙打桨，向灯影的密流里横冲直撞。冷静孤独的油灯映见黯淡久的画船头上，秦淮河姑娘们的靓妆。茉莉的香，白兰花的香，脂粉的香，纱衣裳的

香……微波泛滥出甜的暗香，随着她们那些船儿荡，随着我们这船儿荡，随着大大小小一切的船儿荡。有的互相笑语，有的默然不响，有的衬着胡琴亮着嗓子唱。一个，三两个，五六七个，比肩坐在船头的两旁，也无非多添些淡薄的影儿葬在我们的心上——太过火了，不至于罢，早消失在我们的眼皮上。谁都是这样急忙忙地打着桨，谁都是这样向灯影的密流里冲着撞；又何况久沉沦的她们，又何况漂泊惯的我们俩。当时浅浅的醉，今朝空空的惆怅；老实说，咱们萍泛的绮思不过如此而已，至多也不过如此而已。你且别讲，你且别想！这无非是梦中的电光，这无非是无明的幻相，这无非是以零星的火种微炎在大欲的根苗上。扮戏的咱们，散了场一个样，然而，上场锣，下场锣，天天忙，人人忙。看！吓！载送女郎的艇子才过去，货郎担的小船不是又来了？一盏小煤油灯，一舱的什物，他也忙得来像手里的摇铃，这样丁冬而郎当。

甚至，那些载着歌女的快船，还船头船尾地紧贴着他们的船，跳上来一位手持戏单的"狡猾"的人，请朱自清、俞平伯点歌。朱自清只好接过歌单看看，递给了俞平伯，俞平伯也很难为情，结结巴巴说了半天，也没能把来人打发走。他们的"不"或"决不"，人家根本不听，就是"老调的一味的默"也不起丝毫效果，大有不听一首小曲决不罢休的意思。而朱自清呢，脸都红了。他一方面嫌俞平伯办法"太冷漠了"，另一方面又没有太好的办法。但是打发纠缠的正当方法，只有辩解。俞平伯带有调侃地描写了朱自清当时的为难，朱自清对来人说："你不知道？这事我们是不能做的。"这事，什么事呢？为什么对方"不知道"？又为什么"不能做"？这句话激怒了"狡猾"的人，让他盯住这一句不放了。因为听话听音，朱自清的话里有明显地看不起歌女的意思，说白了，不就是唱一曲嘛。"佩弦又有进一层的曲解。哪知道更坏事，竟只博得那些船上人的一哂而去。"这里，俞平伯是和朱自清开个善意的玩笑。但是，"把他们一个一个地打发走路。但走的是走了，来的还正来。我们可以使他们走，我们不能禁止他们来"。两位年轻的诗人有些烦恼，最后怎么办呢？不能因为这个事而影响他们夜游的好情绪啊。办法还是有的。他们承诺多给船家些酒钱，让他摇船离载有歌女的船远些。不知道那时候有没有导游和商家合伙宰客的事，如果有，船家就相当于导游，而歌女就相当于商家了，所以船家的船专往歌女扎堆的船开去，好让自己多拿点"提成"。俞平伯的这个多出点钱的方法还是起了作用，"自此以后，桨声复响，还我以平静了"。这个小插曲很有意思的，两个年轻人的天真、无奈，进退两难的处境，从字里行间能够体味得到的。"心头，婉转的凄怀，口内，徘徊的低唱"，便"留在夜夜的秦淮河上"了。

几个月后的 1923 年 10 月 11 日，朱自清在温州写完《桨声灯影里的秦淮河》，文中有关于歌女的一段长长的议论：

我说我受了道德律的压迫，拒绝了她们；心里似乎很抱歉的。这所谓抱歉，一面对于她们，一面对于我自己。她们于我们虽然没有很奢的希望；但总有些希望的。我们拒绝了她们，无论理由如何充足，却使她们的希望受了伤；这总有几分不做美了。这是我觉得很怅怅的。至于我自己，更有一种不足之感。我这时被四面的歌声诱惑了，降服了；但是远远的，远远的歌声总仿佛隔着重衣搔痒似的，越搔越搔不着痒处。我于是憧憬着贴耳的妙音了。在歌舫划来时，我的憧憬，变为盼望；我固执地盼望着，有如饥渴。虽然从浅薄的经验里，也能够推知，那贴耳的歌声，将剥去了一切的美妙；但一个平常的人像我的，谁愿凭了理性之力去丑化未来呢？我宁愿自己骗着了。不过我的社会感性是很敏锐的；我的思力能拆穿道德律的西洋镜，而我的感情却终于被它压服着。我于是有所顾忌了，尤其是在众目昭彰的时候。道德律的力，本来是民众赋予的；在民众的面前，自然更显出它的威严了。我这时一面盼望，一面却感到了两重的禁制：一，在通俗的意义上，接近妓者总算一种不正当的行为；二，妓是一种不健全的职业，我们对于她们，应有哀矜勿喜之心，不应赏玩地去听她们的歌。在众目睽睽之下，这两种思想在我心里最为旺盛。她们暂时压倒了我的听歌的盼望，这便成就了我的灰色的拒绝。那时的心实在异常状态中，觉得颇是昏乱。歌舫去了，暂时宁靖之后，我的思绪又如潮涌了。两个相反的意思在我心头往复：卖歌和卖淫不同，听歌和狎妓不同，又干道德甚事？——但是，但是，她们既被逼得以歌为业，她们的歌必无艺术味的；况她们的身世，我们究竟该同情的。所以拒绝倒也是正办。但这些意思终于不曾撇开我的听歌的盼望。它力量异常坚强；它总想将别的思绪踏在脚下。从这重重的争斗里，我感到了浓厚的不足之感。这不足之感使我的心盘旋不安，起坐都不安宁了。唉！我承认我是一个自私的人！平伯呢，却与我不同。他引周启明先生的诗，"因为我有妻子，所以我爱一切的女人，因为我有子女，所以我爱一切的孩子"。他的意思可以见了。他因为推及的同情，爱着那些歌妓，并且尊重着她们，所以拒绝了她们。在这种情形下，他自然以为听歌是对于她们的一种侮辱。但他也是想听歌的，虽然不和我一样，所以在他的心中，当然也有一番小小的争斗；争斗的结果，是同情胜了。至于道德律，在他是没有什么的；因为他很有蔑视一切的倾向，民众的力量在他是不大觉着的。这时他的心意的活动比较简单，又比较松弱，故事后还怡然自若；我却不能了。这里平伯又比我高了。

这段议论很全面，也很符合当时二人的心境。

即便是朱自清和俞平伯在畅游途中遇到小小的不愉快，但还是有感于这次秦淮畅游，也被"梦"深深地感染了。能相约写一篇同题散文，不仅是秦淮迷人的夜景诱发，一定有某种更尖锐的东西触动了二人的神经。当"凉月凉风之下"，他们"背着秦淮河走去，悄默是当然的事了"。黑暗重复落在面前，"看见傍岸的空船上一星两星的，枯燥无力又摇摇不定的灯光"，他们的"心里充满了幻灭的情思"。也许在回旅馆的途中，二人已经相约同题散文的事了。但是，俞平伯显然不满足于文章，他正酝酿一首诗呢。

第二天，朱自清和俞平伯在南京就要分手了，在两个好朋友依依惜别时，俞平伯取出头天晚上从画舫上要来的明信片，著诗一首，赠送给了朱自清。明信片一面是"南京名所"夫子庙全景，一面是他的亲笔题诗："灯影劳劳水上梭，粉香深处爱闻歌。柔波解学胭脂晕，始信青溪姊妹多。"诗前小序，曰："秦淮初泛，呈佩弦兄"；诗后落款为"俞"，时间是"十二、七、三一南京分手之日"。

这张珍贵的明信片，是朱自清后人朱乔森等捐给中国现代文学馆的。这张明信片透露的信息，至少解决了两个问题：一是以诗证文，可知朱自清和俞平伯同游秦淮是在1923年的7月30日，朱自清在《桨声灯影里的秦淮河》开头的"八月说"，是误记了。也有说是"三十一日"，也不对，俞的落款是"分手之日"。俞朱二人是头天晚上同游秦淮河，第二天才分的手，所以写诗之日，并不是同游之日。二是1996年，当这首诗被收进《俞平伯全集》时，诗前的小序变成了题目《癸亥年偕佩弦秦淮泛舟》，诗也经过了润色："来往灯船影似梭，与君良夜爱闻歌。柔波犹作胭脂晕，六代繁华逝水过。"经过改造的诗，老实说，比初稿的韵味和情调差了一些，特别是"与君良夜"取代"香粉深处"，就不是那个味了。

这首诗改于何时，全集里没有说明，翻阅几种俞平伯年谱，也没有记载。但是，俞平伯实在是很怀念这次四天的南京之行的，从修改的诗中，足可以说明，他们友谊之深切，情感之厚重。所以，这才有了多年后南巡时的不辞而别。

那是1959年春，国家有关部门组织全国人大代表、政协委员赴江苏视察。俞平伯也是成员之一。他随团一路南下，先在扬州，又去淮安，参观视察后，按照预定线路，本应经南通过江，在苏南继续视察，行程中，有他的故乡苏州。但是俞平伯却对即将经过的故乡毫无兴趣，而是突然"消失"不见，令代表团成员大惑不解。同行人，只知道他从镇江取道南京，北返回京了。俞平伯非同寻常的举动，就连同行的叶圣陶、王伯祥等老朋友也不明就里。虽然都知道他写过一首怀念朱自清的诗："昔年闲话维扬胜，城郭垂杨相望中。迟暮来游称过客，黄垆思旧与君同。"（《初至扬州追怀佩兄示同游》）但没能想到他的消失会和朱自清有关。直到多少年后，这一"谜团"才解开。原来，俞平伯在江苏视察时，想起已故好友朱自清，感慨万千，不能自禁。或者这一哀思一直萦绕于心间吧，他便悄悄离别团队，独自一人重游南京，重登鸡鸣寺，重游秦淮河，去凭吊与朱自清同游的往事陈迹。不难想象，60 岁的俞平伯，独自一人，徘徊在南京的古巷里，其心情是何等的落寞而悲伤啊！到了 1960 年末，俞平伯依然不能忘却这次孤独之旅，满怀深情地写成了一篇小赋，以纪念知交朱自清，题为《重游鸡鸣寺感旧赋》。他在序中写道："余己亥春日，自淮阴过镇江达南京，翌晨游玄武湖，遂登鸡鸣寺豁蒙楼，时雨中岑寂，其地宛如初至，又若梦里曾来，盖距癸亥年偕先友朱君佩弦同游，三十六载矣。拟倩子墨，念我故人，而世缘多纷，难得静虑，及庚子岁阑始补成此篇。"在用十六句对雨中的鸡鸣寺作了细致的描写之后，文字转入主题，缓缓诉出他"思旧神怆"的感触和对先友的思念，读之无不为之动情：

推窗一望。绿了垂杨，台城草碧，玄武湖光。观河面改，思旧神怆。翱翔文圃，角逐词场，于喁煦沫，鸡黍范张。君趋滇蜀，我羁朔方，讶还京而颜悴，辞嗟来之敌粮，失际会夫昌期，凋夏绿于秋霜。心淳竺以行耿介，体销沉而清风长。曾南都之同舟，初邂逅于浙杭。来瀚海兮残羽，迷旧巷乎斜阳。当莺花之三月，嗟杂卉之徒芳。想烟扉其无焰，痛桃叶之门荒。问秦淮之流水，何灯影之茫茫。

真是情深意切，一咏三叹，字字句句流露出对先友的追思和怀念。

"烟笼寒水月笼纱，夜泊秦淮近酒家……"唐朝杜牧的诗歌《泊秦淮》，流传千古，代代相诵，成了秦淮河的千古绝唱。千百年来，秦淮河哺育着金陵，也逐渐成为著名的繁华地带。许多名胜古迹、历史典故，都发生在秦淮河的身旁，被历代文人骚客吟诵传唱。很多游玩秦淮河的文人墨客，敏感柔软的心灵，常常因了秦淮河的桨声灯影而惊羡感动，这样，他们就写下了很多关于秦淮河的诗词文章。吴敬梓在《儒林外史》中，是这样描写秦淮河的："城里的一道河，东水关到西水关，足有十里，便是秦淮河，水满的时候，画舫箫鼓，昼夜不绝。每年四月半后，秦淮的景致渐好了。到天色晚了，每船两盏明角灯，一来一往，映在河里，上下通明。"

朱自清和俞平伯同游秦淮河，写下同题名篇散文，不仅是文章流传，美名远播，流传和远播的，也是两位文友真切的情谊。

春晖映照白马湖

　　白马湖是宁波上虞一个不起眼的小地方。在没有春晖中学之前，小湖没有一点名气。有了春晖中学，可能也没有名气。但因为春晖中学里集聚了一批名人俊杰，如夏丏尊、朱自清、朱光潜、丰子恺等，他们先后在春晖中学执教，让这个不知名的小湖一下子名扬四海。到后来，白马湖直接就是春晖中学的代指了。

　　1924年2月下旬，应经亨颐之聘，朱自清离开温州的浙江省立第十中学，只身来到宁波浙江省立第四中学任教。经亨颐先生时任宁波浙江省立四中的校长，兼任上虞县白马湖私立春晖中学校长。朱自清家小都在温州，按说没必要赴那么远任教。但朱自清离开"十中"，也是不得已，也是为稻粮谋——大致原因，一是"十中"是省立学校，经费全由省里统一拨给，由于战祸不断，地方军阀把持财政，教育经费得不到保障，加上层层拖欠，三十块钱的月薪经常拖了两三个月才能领到，甚至一个学期只能拿到三四个月的薪水。朱自清家人口多，经常入不敷出。二是"十中"校长更迭，据刘文起在《朱自清温州的足迹》中考证，新上任的校长不再延聘前任校长金嵘轩所聘的教员。我个人觉得，凭朱自清的学养和资历，新校长怎么说也得给朱自清一个面子的。所以前一种说法更为靠谱。第三就是，当时在宁波的，还有朱自清的朋友刘延陵等文人，加上朱自清可以两边兼课，多拿些薪水。

但不管怎么说，朱自清还是来到了浙江省立第四中学。由于两所学校校长是一人兼任，有不少教员都像朱自清那样，在两所学校交叉任教，如四中的夏丏尊、丰子恺等。朱自清更是乐得两边跑——他是3月2日到春晖的，作为五四新文学涌现出来的著名青年作家，春晖中学美丽的自然风光一下就吸引了他。在《春晖的一月》里，朱自清满怀深情地记叙了初到春晖的见闻和感受：

> 走向春晖，有一条狭狭的煤屑路。那黑黑的细小的颗粒，脚踏上去，便发出一种摩擦的骚音，给我多少轻新的趣味。而最系我心的，是那小小的木桥。桥黑色，由这边慢慢地隆起，到那边又慢慢地低下去，故看去似乎很长。

我最爱桥上的阑干，那变形的卍纹的阑干；我在车站门口早就看见了，我爱它的玲珑！桥之所以可爱，或者便因为这阑干哩。我在桥上逗留了好些时。这是一个阴天。山的容光，被云雾遮了一半，仿佛淡妆的姑娘。但三面映照起来，也就青得可以了，映在湖里，白马湖里，接着水光，却另有一番妙景。我右手是个小湖，左手是个大湖。湖有这样大，使我自己觉得小了。湖水有这样满，仿佛要漫到我的脚下。湖在山的趾边，山在湖的唇边；他俩这样亲密，湖将山全吞下去了。吞的是青的，吐的是绿的，那软软的绿呀，绿的是一片，绿的却不安于一片；它无端地皱起来了。如絮的微痕，界出无数片的绿；闪闪闪闪的，像好看的眼睛。湖边系着一只小船，四面却没有一个人，我听见自己的呼吸。想起"野渡无人舟自横"的诗，真觉物我双忘了。

好了，我也该下桥去了；春晖中学校还没有看见呢。弯了两个弯儿，又过了一重桥。当面有山挡住去路；山旁只留着极狭极狭的小径。挨着小径，抹过山角，豁然开朗；春晖的校舍和历落的几处人家，都已在望了。远远看去，房屋的布置颇疏散有致，决无拥挤、局促之感。我缓缓走到校前，白马湖的水也跟我缓缓地流着。我碰着丏尊先生。他引我过了一座水门汀的桥，便到了校里。校里最多的是湖，三面潺潺地流着；其次是草地，看过去芊芊的一片。我是常住城市的人，到了这种空旷的地方，有莫名的喜悦！乡下人初进城，往往有许多的惊异，供给笑话的材料；我这城里人下乡，却也有许多的惊异——我的可笑，或者竟不下于初进城的乡下人。闲言少叙，且说校里的房屋、格式、布置固然疏落有味，便是里面的用具，也无一不显出巧妙的匠意；决无笨伯的手泽。晚上我到几位同事家去看，壁上有书有画，布置井井，令人耐坐。这种情形正与学校的布置，自然界的布置是一致的。美的一致，一致的美，是春晖给我的第一件礼物。

有话即长，无话即短，我到春晖教书，不觉已一个月了。在这一个月里，我虽然只在春晖登了十五日（我在宁波四中兼课），但觉甚是亲密。因为在这里，真能够无町畦。我看不出什么界线，因而也用不着什么防备，什么顾忌；我只照我所喜欢的做就是了。这就是自由了。从前我到别处教书时，总要做几个月的"生客"，然后才能坦然。对于"生客"的猜疑，本是原始社会的遗形物，其故在于不相知。这在现社会，也不能免的。但在这里，因为没有层迭的历史，又结合比较的单纯，故没有这种习染。这是我所深愿的！这里的教师与学生，也没有什么界限。在一般学校里，师生之间往往隔开一无形界限，这是最足减少教育效力的事！学生对于教师，"敬鬼神而远之"；教师对于学生，尔为尔，我为我，休戚不关，理乱不闻！这样两橛的形势，如何说得到人格感化？如何说得到"造成健全人格"？这里的师生却没有这样情形。无论何时，都可自由说话；一切事务，常常通力合作。校里只有协治会而没有自治会。感情既无隔阂，事务自然都开诚布公，无所用其躲闪。学生因无须矫情饰伪，故甚活泼有意思。又因能顺全天性，不遭压抑；加以自然界的陶冶，故趣味比较纯正。——也有太随便的地方，如有几个人上课时喜欢谈闲天，有几个人喜欢吐痰在地板上，但这些总容易矫正的。——春晖给我的第二件礼物是真诚，一致的真诚。

朱自清这篇文章写于 1924 年 4 月 12 日夜间，到春晖中学已经一个多月了，从行文风格看，他依然心情大好，愉快地描写了路上和校园的自然景色和美丽风光。而在不久之前的 3 月 9 日，朱自清还把好友俞平伯请来玩了几天，原因之一，也是太喜欢这里了，要把自己的喜悦让好朋友分享一下。不巧的是，俞平伯那天坐船到了宁波，然后雇车前往沪杭甬车站，因朱自清信上没有说清，还多走了一站地，打听了半天才知道错了，只好租了轿子再回头走。冒雨来到春晖中学时，已经多走了不少冤枉路了。和朱自清甫一照面，俞平伯就问起朱自清何

早期的春晖中学

通往春晖中学的小木桥

以指导有误。温厚的朱自清也没做解释，在他本意里，料想春晖中学这么有名，俞平伯本应该知道的。本想责怪一下朱自清的俞平伯看他有点难为情，友情力量还是战胜了心中的那点小怨气，二人随即都收起了"小孩子脾气"，略谈后，朱自清就去上课了。俞平伯在《忆白马湖宁波旧游》中说："那天是星期，但春晖例不休息……就傍听了一堂……'学生颇有自动之意味，胜第一师及上大也'。故属春晖的学风如此，而老师的教法亦不能无关。"俞平伯还动情地感慨说："我在这儿愧吾友良多，久非一日矣。"我在《俞平伯的诗书人生》一书里，有一章《白马湖畔》，写的就是俞平伯从 3 月 8 日动身前往白马湖访朱自清的经过。在说到俞平伯听好友课时，有一段评论："在当时，大学里才有这种风气，无论哪系的老师，只要自己愿意，都可以到别的班上听课。他们的听课，不是要去挑对方毛病，而是学习别人的长处，补充自己的知识，增长自己的见闻。不过，一个大学老师，坐在中学课堂，听好友讲课，其中意味，可能不仅仅是补充知识，增长见闻，更多的是一种友情和关爱，是心灵上的互通互慰。"

　　俞平伯到达的当天晚上，夏丏尊知道俞平伯来了，朱自清家眷又在温州，怕不会有太好的招待，就特意在家做了几样好菜，邀请朱自清、俞平伯来家里吃饭喝酒。夏丏尊比朱自清和俞平伯要大 10 多岁，是个老资格的教育家，中过秀才，性格温和，学识功底相当扎实，是浙江一师时的前"四大金刚"之首，和朱自清私交很好。朱自清和俞平伯等曾步他后尘，被封为"后四大金刚"，朱自清自然也想让夏丏尊和俞平伯成为好朋友了。俞平伯是第一次见到夏丏尊，在他最初的印象里，夏丏尊像一位大哥般的亲切、平和又不失热情。这顿家宴想必有不少好菜，山珍湖味都有，吃得想必也特别愉快。俞平伯在《朱佩弦兄遗念——甲子年游宁波日记》中描写了饭后归途的心情："偕佩弦笼烛而归。傍水行，长风引波，微辉耀之，踯躅并行，油纸伞上沙沙作繁响，此趣至隽，惟稍苦冷与湿耳。"夏家真是有心，还备了灯笼给二位青年学者照路。至今想来，那个场面还十分的动人，在早春暗夜的潇潇细雨中，古意的灯笼，老式的油纸伞，两个略有醉意的青年，走在依山傍水的小道上，滑踏而小心地前行着，多么有情有味趣意盎然啊！二人回到宿舍，并没有立即就寝，而是借着酒意，又谈至深夜。

第二天天气好多了，朱自清上下午各有两个小时的课。他不顾上课的疲惫，又陪俞平伯在山野湖边玩至天晚。俞平伯回忆说："下午同在郊野散步。春晖地名白马湖，校址殊佳，四山拥翠，曲水环之。菜花弥望皆黄，间有红墙隐约。村户稀少，仅数十家。"我在《俞平伯的诗书人生》里也根据俞平伯的日记，做了一番描写："……上虞驿亭白马湖边，乡村风光十分婉约、秀丽，完全是自然的情态，没有一点人工雕刻的痕迹，几面的青山上，绿树浓密，山草青翠，泉水叮咚，小溪奔流，鸟语啾啾，花香怡人，说不尽的田园之美。中间是狭长的水田，烟波浩渺的白马湖被群山环抱，一汪湖水养育着鲜美的鱼虾，一片田塍种植着香甜的稻谷，举目是青山，低头看碧波，真一派世外桃源啊。在田间蜿蜒的阡陌上，俞平伯和朱自清，披着晚霞，伴着薄雾，一边散步一边小谈，上下古今，新文旧籍，乡野清趣，草木虫鱼，怕都是他们的话题吧。他们走着，聊着，前边已是上山的路，二人毫不迟疑就随坡上山了。话是说不完的，几日的相聚，必定要抓紧时间。无论谁在说，另一方必定在倾听，也或插一两句，大约不会有大争论的。他们站立山腰，看山下的春晖园，园边的绿水，耳边响起下课的铃声。天色渐暗，溶溶的暗紫色正从远山掩来，瞬间就包裹了万物。山下，已有人寻访而来，是谁？夏丏尊还是丰子恺？俞平伯访朱自清的另一大收获，就是结交了一批朋友，夏、丰无疑是最为投机的新友。于是，在黄昏的山道上，新旧好友，又开始了新的话题……"

　　又过了一天，朱自清要到城里的四中上课，而俞平伯也受四中之邀，做一堂讲座，便一同前往宁波。俞平伯在宁波还参加了两次宴请，参观了宁波的一些名胜。宁波天一阁天下闻名，俞平伯父亲俞陛云在其著作《词境浅说》里，还对天一阁后人范永祺家室住房门柱上的对联有一条释义，此联云："家酿满瓶书满架，山花如绣草如茵。"此联为集句联，上联出自白居易《香山寺》诗："空门寂静老夫闲，伴鸟随云往复还。家酿满瓶书满架，半移生计入香山。"下联出自唐许浑《寄桐江隐者》诗："潮去潮来洲渚春，山花如绣草如茵。严陵台下桐江水，解钓鲈鱼能几人。"俞陛云释义的上联云："此乐天晚年自述也。先言以闲人爱此空门，惟孤云野鸟，伴我往还。后言香山寺为其生计所在，家酿满瓶，良书满架，已占其生计之半。第三句即其自号醉吟先生之本意。乐天晚居香山，与僧如满结社，称香山居士。盖诗入山时作也。"俞陛云释义的下联云曰："桐江山水秀绝。子陵（案：严光，东汉隐士，字子陵，曾隐居富春山桐江畔）去后，千载来客，星楼上，更无配食之人，宜四句'有几人'之叹。而此隐者，得诗人为侣，当是俊流。惜失其姓名，不得与严郡三高合传，续招仙之谣也。"经俞氏的释义，此联的意义就很明了了。俞平伯在宁波又玩了一两天，不知有没有和朱自清说起此事。总之，他们快快活活直玩到 3 月 12 日，朱自清才送俞平伯登上赴沪的火车。

1924 年上半年，朱自清奔波于宁波城的四中和白马湖乡下之间，虽然有些辛苦，心情却是快乐的，接待了像俞平伯、潘漠华这样的好友，在创作上也没有松懈，特别值得感怀的是，他在读了邓中夏发表在《中国青年》上的一篇文章《贡献于新诗人之前》后，心中的感怀久久不能平静，非常赞赏邓的观点：新诗人要走出艺术之窗，丢弃怡情陶性的快乐主义，和怨天尤人的颓废主义，多创作表现民族伟大精神、暴露黑暗社会的作品。4月15日，朱自清写一首《赠友》诗。诗云：

> 你的手像火把，
>
> 你的眼像波涛，
>
> 你的言语如石头，
>
> 怎能使我忘记呢？
>
> 你飞渡洞庭湖，
>
> 你飞渡扬子江，
>
> 你要建红色的天国在地上！
>
> 地上是荆棘呀，
>
> 地上是狐兔呀，
>
> 地上是行尸呀；
>
> 你将为一把快刀，
>
> 披荆斩棘的快刀！
>
> 你将为一声狮子吼，
>
> 狐兔们披靡奔走！
>
> 你将为春雷一震，
>
> 让行尸们惊醒！
>
> 我爱看你的骑马，

在尘土里驰骋——

一会儿，不见踪影！

我爱看你的手杖，

那铁的铁的手杖；

它有颜色，有斤两，有铮铮的声响！

我想你是一阵飞沙走石的狂风，

要吹倒那不能摇撼的黄金的王宫！

那黄金的王宫！

呜——吹呀！

去年一个夏天大早我见着你：

你何其憔悴呢？

你的眼还涩着，

你的发太长了！

但你的血的热加倍地薰灼着！

在灰泥里辗转的我，

仿佛被焙炙着一般！——

你如郁烈的雪茄烟，

你如酽酽的白兰地，

你如通红通红的辣椒，

我怎能忘记你呢？

邓中夏是朱自清的北大同学，又是好朋友。1923 年夏天，朱自清和俞平伯同游南京秦淮河时，偶尔在南京大街上碰见邓中夏。此时邓正在南京筹备社会主义青年团第二次全国代表大会。邓中夏可能操心过多，虽然表面状态是"憔悴"的，能看出他的心"血的热加倍地薰灼着"。朱自清这首诗的风格和他此前的诗风完全不一样，像战斗的口号。后来编《踪迹》时，朱自清特意把诗名改作《赠 A. S.》，这是邓中夏又名"安石"的英文缩写。叶圣陶对这首诗特别欣赏，在《新诗零话》里说："他的《赠 A. S.》一诗，我很喜欢。像握着钢刀，用力深刻，刀痕处都有斩截钢利的锋棱。"5 月 14 日又作散文《正义》，似乎是这首诗的续篇。朱自清几乎是疾呼说："人间的正义究竟是在哪里呢？满藏在我们心里！为什么不取出来呢？它没有优先权！在我们心里，第一个尖儿是自私，其余就是权威、势力、亲疏、情面等等；等到这些角色一一演毕，才轮到我们可怜的正义。你想，时候已经晚了，它还有出台的机会么？没有！所以你要正义出台，你就得排除一切，让它做第一个尖儿。你得凭着它自己的名字叫它出台。你还得抖擞精神，准备一副好身手，因为它是初出台的角儿，捣乱的人必多，你得准备着打——不打不相识啊！打得站住了脚携住了手，那时我们就能从容地瞻仰正义的面目了。"

朱自清在宁波的诗作还有《别后》《风尘》等，《别后》应该是怀念还在温州的夫人和孩子的，其中有这样的句子："空空的房子，冷的开水，冷的被窝——峭厉的春寒啊，我怀中的人呢？"仅在春晖中学出版的《春晖》上，朱自清除发表了《春晖的一月》，还在多期上接连发表了《刹那》《白马读书录》《水上》《教育的信仰》《课馀》《团体生活》等，这些诗文，无不体现了朱自清早期的文学思想和文学追求。

1924年暑假结束后，又经历了闹心的"苏浙之战"，朱自清十分烦神，几经波折，才从温州把家搬到宁波，因四中无房可住，决定把家安在白马湖畔的春晖中学。搬家这天，已经10月12日了。一家老小又暂时有了安稳的小窝，可以从从容容过日月了。不久之后，他又托朋友从温州带回一书箱的书、从当铺里赎回了皮袄，算是了了一桩心事，温州也从此成了记忆。

关于《我们的七月》

  《我们的七月》是朱自清、俞平伯、叶圣陶等人共同策划和主编的一本具有同人性质的文学杂志，原定杂志名为《我们》，以出版年月作为书名，《我们的七月》就是第一辑，于1924年7月由亚东图书馆出版发行。该书收朱自清散文和诗歌共五篇（首），分别是散文《正义》《温州的踪迹》；诗《赠A. S.》《风尘——兼赠F君》和《信三通》。朱自清是1924年8月4日收到杂志的，非常喜欢这本杂志的装帧和风格，在当天日记里欣喜地写道："甚美，阅之不忍释手。"

  《我们的七月》封面是请朱自清在春晖中学的同事丰子恺设计的，一架彩虹横跨于大海之上，近处的岸树是深蓝色的，一棵大树平地升起。整个设计简洁、粗犷，目录首篇称封面画为《夏》，和书名对应。书中还收有丰子恺的一幅画作为插页，名

《我们的七月》

为《人散后，一钩新月天如水》，这幅插图意境深远，平面中还运用了镜像原理，窗下、帘后，是人散去的空落，桌子上是散落着的空壶杯，窗外的远天上，就是那一钩新月了。细观这幅画，能给人以多重的联想，人生的、艺术的、生活的，从不同的方向产生共鸣。书中还收有一幅折页，是俞平伯曾祖父俞曲园书写并创作的一幅诗扇，采用珂罗版印制，并配有俞平伯父亲的一段释文："此扇乃清咸丰丁巳岁先祖曲园公在河南学使署为先祖姚太夫人所书也，祖庭翰墨久播四方，而中年精楷世所罕见，家藏遗翰亦仅有此扇，珍逾尺璧矣。"在版权页上，照例有这样"此书有著作权，翻印必究"的声明。该书没有朱自清、俞平伯的署名，版权页上有编辑者，署"OM"，印刷兼发行者为"亚东图书馆"，地址为上海五马路棋盘街西首。每册定价大洋五角。该书最后一页为广告，都是亚东图书馆发行的图书，共十种，分别为：胡适的《尝试集》，康洪章的《草儿在前集》《河上集》，俞平伯的《冬夜》《西还》，汪静之的《蕙的风》，陆志韦的《渡河》，宗白华的《流云》及《胡思永远》的诗和《一九一九年新诗年选》。有意思的是，这十种书，有几本和朱自清有关，一是俞平伯的《冬夜》，作序者正是朱自清。《冬夜》收俞平伯1918年至1921年创作的新诗101首。朱自清在序中给予这部诗集极高的评价，毫不掩饰地说："我心目中的平伯的诗有这三种特色，一，精炼的词句和音律；二，多方面的风格；三，迫切的人的情感。"在详细分析和评说了俞平伯诗歌特色之后，朱自清又说：俞平伯"将来的作品必胜于现在，必要进步。就诗坛全部说，我们也得要求比他的诗还要好的诗。所以我于钦佩之馀，还希望平伯继续地努力，更希望诗坛全部协同地努力！"这并不是客套话，是基于朱自清对于俞平伯的了解。俞平伯的另一部诗集《西还》，收新诗103首。二是汪静之的《蕙的风》，和《冬夜》的序一样，都是1922年朱自清在扬州南门禾稼巷过寒假时写的，《蕙的风》的序写作时间是1922年2月1日，开头就说："约莫七八个月前，汪君静之抄了他的十余首诗给我看。我从来不知道他能诗，看了那些作品，颇自惊喜赞叹。以后他常常作诗。去年十月间，我在上海闲住。他从杭州写信给我，说诗已编成一集，叫《蕙的风》。我很歆羡他创作底敏捷和成绩底丰富！"肯定他的诗"有诗歌底天才；他的诗艺术虽有工拙，但多是性灵底流露"。三是胡适的《尝试集》，首印于1920年，这是新文学史上第一本白话诗集，是开风气之作。俞平伯和汪静之都是朱自清的朋友，胡适是他的老师，朱自清和俞平伯从事新诗写作，都是在北大读书时受到胡适的影响。另一本《一九一九年新诗年选》我没有读过，可能也选收有朱自清、俞平伯和胡适的诗。如今，这些书的广告出现在《我们的七月》里，也是一件颇有意义的事，试想一下，如朱自清日记里所说的"阅之不忍释手"，大约也会有这些广告加持吧。

《我们的七月》除有朱自清作品之外，还有俞平伯、叶圣陶、刘大白等人的文章和诗歌，文体有论文、小说、新诗、旧体诗词、戏剧、小品、札记、通信等，打头一篇的戏剧《鬼劫》出自俞平伯之手，俞平伯还有《湖楼小撷》《茸芷缭室札记》等篇，叶圣陶有《泪的徘徊》等，刘大白的《旧诗新作》等。有意思的是，除了封面设计有作者署名外，其他文章都没有作者署名，这种"新潮"的方法，给作者的阅读带来了一定的难度，主要是不习惯，无从查证自己喜欢的作家，也引起了大家的议论和多方的猜测。为什么要这样？几十年后，俞平伯曾做过解释："之所以《七月》不具名，盖无深意。写作者自都是熟人，可共负文责。又有一些空想，务实而不求名，就算是无名氏的作品罢。"但是在1925年6月出版《我们的六月》的时候，鉴于当时文学界及读者的议论，也为了让读者阅读方便，《我们的六月》就老早署名了，同时附录了《我们的七月》的目次和作者的名字，这一公案才算解决，后来《我们的七月》再版，也照习惯重新在目录和文章下署名了。

这本杂志能够顺利出版并造成一定的影响，出力最大的无疑是朱自清、俞平伯和叶圣陶了，不仅收录文章最多，在约稿和编务上也是尽心尽力。这从稿源的来处也可见一斑，比如有几首旧体诗词，肯定和俞平伯有关。在1925年出版《我们的六月》时，已经发生了震惊中外的五卅惨案，此时杂志已经付印，为了配合斗争，朱自清将愤而写作的新诗《血歌——这五卅惨剧作》，发表在《我们的六月》的扉页上，这首诗里，一字一泪地充满了对死难者的无限同情和对行凶者的万分愤慨，号召同胞们奋起抗争。在已经付印的杂志上临时把新写的作品补上，可见朱自清在《我们》中是起到主导作用的。

《我们的七月》中所收朱自清的《信三通》，都是致俞平伯的，第一封写作于 1922 年 11 月 7 日，小标题上标有"残信"字样，是和俞平伯讨论人生哲学和对生活的态度。朱自清在信中说："弟虽潦倒，但现在态度却颇积极；丢去玄言，专崇实际，这便是我所企图的生活。……我自今夏与兄等作湖上之游后，极感到诱惑底力量，颓废底滋味，与现代的懊恼。我现在知识上，虽然不愿丢去第一义的研求（为什么），但行为上却颇愿安于第二义（怎样），这或者与兄稍稍不同了。……我一面感到这些，一面却也感到同程度的怅惘。因怅惘而感到空虚，在还有残存的生活时所不能堪的！我不堪这个空虚，便觉飘飘然终是不成，只有转向，才可比较安心——比较能使感情平静。于是我的生活便起了一个转机。暑假中在家，和种种铁颜的事实接触之后，便觉颓废不下去，于是便决定了我的刹那主义！……我第一要使生活底各个过程都有它独立之意义和价值。——每一刹那有每一刹那的意义和价值！我们只需'鸟瞰'

地认明每一刹那自己的地位，极力求这一刹那里充分的发展，便是有趣味的事，便是安定的生活。……总之，平常地说，我只是在行为上主张一种日常生活的中和主义——但我现在还未能严格地实行。"第二封信写于1923年1月13日，书中小标题也标为"残信"，信中继续讨论"刹那主义"，朱自清说："在实际上，我什么时候要做什么事，便去做罢，不必哲学地去问他的意义与价值。总之现在只须问世法，不必问出世法；在出世法未有一些解决以前，我们便只问世法罢了。——话又说回来了，出世法果真有了解决，便也成了世法了。我所谓世法，只是随顺我生活里每段落的情意底猝发的要求，求个每段落的满足！因为我既是活着，不愿死也不必死，死了也无意义；便总要活得舒服些。为什么要舒服是无庸问的，问了也没有能答的——直到永远……我的意思只是生活的每一刹那有那一刹那底趣味，使我这一刹那的生活舒服。至于这刹那以前的种种，我是追不回来，可以无庸过问；这刹那以后，还未到来，我也不必费心去筹虑。我觉我们'现在'的生活里，往往只'惆怅着过去，忧虑着将来'将工夫都费去了，将眼前应该做的事都丢下了，又添了以后惆怅的资料。这真是自寻烦恼！我现在只管一步步走，最重要的是眼前的一步。"第三封信写于1923年4月10日，同样是"残信"，在信的开头有许多省略号之后，朱自清说："以理性之指导，我辈正应安于矛盾，安于困苦，安于被掠夺，安于作牺牲；而无奈生物的素质逼我们去挣扎，去呻吟，于是成为言不顾行的鄙夫了。我们自然不见得甘心，但即不甘心又将奈何？我们不必谈生之苦闷，只本本分分做一个寻常人罢。但做个平常人，又谈何容易。"又说："人只是个动物罢了，不必再加上什么形容限制。我现在把一切事均视作卑之无甚高论。宇宙间之一切唯我独尊，但自我的本身即可否定的。不过未有厌弃生活的决心以前，不得不暂时肯定它。这种对于生活暂作肯定观的态度，既没甚理由，又非不可变更，仅仅是表明我们对于生活尚未完全厌倦而已。为什么还不厌倦？我们自然无意于作此解答的。"朱自清在北京大学是学哲学的，并获得文学学士学位，加上这些年从事新文学创作练下的文字功力，使他关于人生意义的讨论，在思维和用笔上游刃有余，洋洋洒洒，至今读来还特别过瘾。

《我们的七月》的《温州的踪迹》一篇，实际上是由四篇散文组成，其中《"月朦胧，鸟朦胧，帘卷海棠红"》作于2月1日，《绿》作于2月8日，《白水漈》作于3月16日，《生命的价值——七毛钱》作于4月9日。《正义》属于一篇杂论，作于1924年5月14日，该文对于社会上形形色色的假正义之名行苟且之事的行径表示了强烈的愤慨。朱自清开篇就责问："人间的正义在哪里呢？"接着，作者作辛辣的笔触写道："正义是在我们的心里！从明哲的教训和见闻的意义中，我们不是得着大批的正义么？但白白地搁在心里，谁也不去取用，却至少是可惜的事。两石白米堆在屋里，总要吃它干净，两箱衣服堆在屋里，总要轮流穿换，一大堆正义却扔在一旁，满不理会，我们真大方，真舍得！看来正义这东西也真贱，竟抵不上白米的一个尖儿，衣服的一个扣儿。——爽性用它不着，倒也罢了，谁都又装出一副发急的样子，张张皇皇地寻觅着。这个葫芦里卖的什么药？我的聪明的同伴呀，我真想不通了！"又说："正义可以做幌子，一个漂亮的幌子，所以谁都愿意念着它的名字。'我是正经人，我要做正经事'，谁都向他的同伴这样隐隐地自诩着。但是除了用以'自诩'之外，正义对于他还有什么作用呢？他独自一个时，在生人中间时，早忘了它的名字，而去创造'自己的正义'了！他所给予正义的，只是让它的影儿在他的唇边闪烁一番而已。但是，这毕竟不算十分辜负正义，比那凭着正义的名字以行罪恶的，还胜一筹。可怕的正是这种假名行恶的人。他嘴里唱着正义的名字，手里却满满地握着罪恶；他将这些罪恶送给社会，粘上金碧辉煌的正义的签条送了去。社会凭着他所唱的名字和所粘的签条，欣然受了这份礼；就是明知道是罪恶，也还是欣然受了这份礼！易卜生'社会栋梁'一出戏，就是这种情形。这种人的唇边，虽更频繁地闪烁着正义的弯曲的影儿，但是深藏在他们心底的正义，只怕早已霉了，烂了，且将毁灭了。在这些人里，我见不着正义！"多年以后，朱自清在《写作杂谈》里还谈到这篇《正义》："更想写一些论世情短文，叫作《世情书》。试了一篇，觉得力量还差得多，简直不能自圆其说似的，只得暂且搁下。我想写些'正论'或'大品文'，但是小品文的玩世的幽默趣味害我'正'不住我的笔，也得再修养几年。十六年前曾写过一篇《正义》……虽然幼稚，倒还像'正义'，可惜没有继续训练下去。"另外，在《语文影及其它》里，在谈到书中的分辑时，有一辑"人生的一角"，再次谈及："这一类文章应该说是从《论诚意》起头，本来打算叫做《世情书》，'世情'是'世故人情'的意思。后来恐怕有人误解'世情'为'炎凉'的'世态'，而且'世情书'的名字也似乎太大，自己配不上，就改了《人生的一角》。'一角'就是'一斑'，我说的种种话只算是'管见'；一方面我只是站在'一角'上冷眼看人生，并不曾跑到人生的中心去。这个冷眼，有玩世的味儿。《正义》一篇，写在二十五年前，也沾着这个味儿，是这回编书，忽然想到，就将它一起排比进去。"

《我们的七月》里朱自清的两首新诗，一首《赠 A. S.》写于 1924 年 4 月 15 日，原名为《赠友》，曾于当年 4 月 26 日出版的《中国青年》上发表过，署名自清，收入《我们的七月》改名。"A. S."为邓中夏另一名"安石"的英文缩写，这首诗就是赠给邓中夏的，该诗还得到过叶圣陶在《新诗零话》里的夸奖。另一首新诗《风尘——兼赠 F 君》作于 5 月 28 日，诉说了劳碌风尘的苦闷与无奈。"F 君"不知是谁。

《我们的七月》出版后，还有一个花絮，也值得一说。出版是书时，朱自清还没有到清华大学任教，没想到 1925 年 9 月之后，朱自清不仅成为清华大学的教授，不久后还担任图书馆代理馆长。有人在查阅《我们的七月》时，发现书上有朱自清、俞平伯、叶圣陶三人的联合签名，这在当时也是颇为稀见。一般赠书都是作者一人签名，三个著名作家共同签署，引起了阅读者的极大兴趣，加上该书初版本没有列名作者，引起了读者好奇的猜测。现在想来，当然也不奇怪了，因为《我们的七月》最开始就是他们三人共同策划的，所收文章也最多。只是年轻的学生不知道这本书的始作俑者之一，就是他们的代理馆长呢。

白马湖畔留遗念

　　春晖中学的环境实在是好啊，除了自然风光，还有身边的同事，加上一家人又团圆在一起，和夏丏尊、丰子恺、朱光潜、匡互生等经常走动、串门、散步，或谈诗论画，或饮茶斗酒，既过着普通人的生活，又有高雅的文事聚谈，一时间，朱自清找到了自工作以来最舒适的生活状态。

　　朱自清的家，和夏丏尊家只一墙之隔，原是刘薰宇私建的房子。房子虽不大，却十分紧凑实用，依山傍水，环境优雅，格局是按照日本普通住宅设计的，正屋用推拉门隔开，前面会客，后面做书房。此时的"教员村"，因几家都有孩子，欢声笑语，锅碗瓢盆，一派欣欣向荣的热闹景象。几家男主人都是高级知识分子，又都有古人士风和名士派头，各人还给住宅起了别号，夏丏尊的房子叫"平屋"，大约隐含平房、平民、平

夏丏尊、叶圣陶等在平屋前合影

凡、平淡之意，和夏氏的性格非常贴近。朱自清在散文《白马湖》里说到和夏丏尊的交往时，笔下十分喜悦地说："我们几家接连着；丏翁的家最讲究。屋里有名人字画，有古瓷，有铜佛，院子里满种着花。屋子里的陈设又常常变换，给人新鲜的受用。他有这样好的屋子，又是好客如命，我们便不时地上他家里喝老酒。丏翁夫人的烹调也极好，每回总是满满的盘碗拿出来，空空的收回去。白马湖最好的时候是黄昏。湖上的山笼着一层青色的薄雾，在水里映着参差的模糊的影子。水光微微地暗淡，像是一面古铜镜。轻风吹来，有一两缕波纹，但随即平静了。天上偶见几只归鸟，我们看着它们越飞越远，直到不见为止。这个时候便是我们喝酒的时候。我们说话很少；上了灯话才多些，但大家都已微有醉意。是该回家的时候了。若有月光也许还得徘徊一会；若是黑夜，便在暗里摸索醉着回去。"又在《"海阔天空"与"古今在外"》中说："我爱白马湖的花木，我爱S家的盆栽——这其间有诗有画，我且说给你。一盆是小小的竹子，栽在方的小白石盆里；细细的干子疏疏地隔着，疏疏的叶子淡淡地撒着，更点缀上两三块小石头，颇有静远之意。上灯时，影子写在壁上，尤其清隽可亲。另一盆是棕竹，瘦削的干子亭亭地立着；下部是绿绿的，上部颇劲健地坼着几片长长的叶子，叶根有细极细极的棕丝网着。这像一个丰神俊朗而蓄着微须的少年。这种淡白的趣味，也自是天地间不可少的。"朱自清和夏丏尊家关系好，体现在各个方面，有时候也会童趣大发，和夏丏尊的女儿满子玩玩纸牌。在学校教室仰山楼前，有一座游泳池，夏天时，朱自清也会和夏丏尊的儿子龙文在池子里学游泳玩，算是纳凉又算洗澡。

丰子恺家的屋前栽有一棵柳树，干脆命名"小杨柳屋"。丰子恺后来许多漫画里，都有一棵或数棵杨柳树，春来的燕子在树下穿梭，那些柳树中，是不是以他亲手栽种的这棵为蓝本呢？答案是肯定的。

丰子恺的家原住浙江崇德石门湾，更有乡村情结。他也是由他老师夏丐尊介绍来校的，他同时也是李叔同的高才生，主要教音乐和美术。在那段时间里，他的"小杨柳屋"，与"平屋"相映成趣。可惜生性略显刻板的朱自清不知何故，没有给自己的小家起个名号，似乎失去一些情调和谈资。不过朱自清写起白马湖的文章，还是很细心地呵护那里的好风景的："白马湖的春日自然最好。山是青得要滴下来，水是满满的、软软的。小马路的两边，一株间一株地种着小桃与杨柳。小桃上各缀着几朵重瓣的红花，像夜空的疏星。杨柳在暖风里不住地摇曳。在这路上走着，时而听见锐而长的火车的笛声是别有风味的。在春天，不论是晴是雨，是月夜是黑夜，白马湖都好。——雨中田里菜花的颜色最早鲜艳；黑夜虽什么不见，但可静静地受用春天的力量。夏夜也有好处，有月时可以在湖里划小船，四面满是青霭。船上望别的村庄，像是蜃楼海市，浮在水上，迷离徜恍的；有时听见人声或犬吠，大有世外之感。若没有月呢，便在田野里看萤火。那萤火不是一星半点的，如你们在城中所见；那是成千成百的萤火。一片儿飞出来，像金线网似的，又像要着许多火绳似的。只有一层使我愤恨。那里水田多，蚊子太多，而且几乎全闪闪烁烁是疟蚊子。我们一家都染了疟疾，至今三四年了，还有未断根的。蚊子多足以减少露坐夜谈或划船夜游的兴致，这未免是美中不足了。"丰子恺家的小杨柳屋，朱自清也是那里的常客。丰子恺家的天花板很低，个子不高的朱自清都觉要压到头上来，像"一颗骰子"似的客厅里，他和丰子恺一起看日本竹久梦二的漫画集。小客厅两面墙壁上，贴满了丰子恺各式各样的漫画稿。到过丰子恺家的人都喜欢他的画，有的人还要几张回家玩玩。朱自清也喜欢，感到每一幅画都富有童趣，都有诗意。丰子恺会在这些画上题上一两句古诗，有的干脆就根据诗意画，有的呢，是根据孩子们童稚的语言或游戏的内容所画，皆活泼可爱，有咀嚼不尽的情趣和意味。朱自清看得久了，便提醒丰子恺，将来攒得多了，可以印一本画集。有一天，丰子恺给朱自清刚满4岁的女儿阿菜画了一幅画像，很逼真。同时在丰子恺家闲坐的夏丏尊看了也开心，提起笔来，在他学生兼同事的画上题道："丫头四岁时，子恺写，丏尊题。"画美，字也好。朱自清看了，爱不释手，后来将其制版，作为散文集《背影》的一幅插页，给他们的友谊予以永远的定格。

英文教师朱光潜，1922年毕业于香港大学，在学校里和朱自清一样身材矮小，性格情趣相投，年龄也相仿，陌生人初一见到二位朱老师，会误以为亲兄弟。

朱光潜到春晖中学比朱自清稍晚，时间也短。但因为同是夏丏尊的朋友，和朱自清、丰子恺、匡互生等人很容易就相处到一块儿，一到学校就加入了春晖的文人"小圈子"里，并且

丫頭

八歲時儿子瞻寫丙辰

很快就参与到他们的酒聚、茶聚和湖边闲聊中。在各种聚谈中，朱光潜心中也萌生了创作的冲动，加上学校还办一份水平相当高的校刊《春晖》，便也尝试着文学创作，并有作品发表。朱光潜曾在《敬悼朱佩弦先生》中，深情地回忆了春晖中学的那段难忘的时光："在文艺界朋友中，我认识最早而且得益也最多的要算佩弦先生。那还是民国十三年夏季，吴淞中国公学中学部因江浙战事停顿，我在上海闲着，夏丏尊先生邀我到上虞春晖中学去教英文，当时佩弦先生正在那里教国文，学校范围不大，大家朝夕相处，宛如一家人。佩弦和丏尊、子恺诸人都爱好文艺，常以所作相传视。我于无形中受了他们的影响，开始学习写作。我的第一篇处女作——《无言之美》——就是在丏尊、佩弦两位先生鼓励之下写成的。他们认为我可以作说理文，就劝我走这一条路。"后来朱自清在清华大学任教时，还和朱光潜等文人一起，被列名为《文学杂志》编委会成员，朱光潜就是该杂志的主编。朱自清也经常有文章发表在《文学杂志》上。朱光潜出版《谈美》《文艺心理学》两部重要书稿时，还请朱自清写了序，朱自清的两序文都是在伦敦写的。再后来在西南联大，朱自清把家安在成都，当时朱光潜住在乐山，也经常到成都去办事，二人和叶圣陶等人又见了几次，弄几样豆腐干、花生米就可喝一次酒了。朱自清有一年在成都休假期满，回昆明路过乐山时，还在朱光潜的陪同下游览了乐山的名胜古迹。游览结束分手后，朱自清到了叙永，给朱光潜写了一封信，感谢其在乐山的盛情接待，还记述了一路上遇到的各种艰险，并赋诗一首。朱自清逝世后，朱光潜更是在《文学杂志》上组织怀念朱自清的专刊。

朱自清和朱光潜建立的深厚友谊，就是初始于白马湖畔的春晖中学。多年以后，朱光潜还在纪念夏丏尊红宝石婚的一首和夏丏尊的诗中，写出这样的句子："近来酒兴如前否，何日湖居再酿筵。"可见当年他们在白马湖，很多时候是凑钱喝酒的。

匡互生也是朱自清的同事，他是湖南人，在学校教数学兼职训育主任。性格耿直，办事认真，1933年去世，朱自清得信后，十分悲痛，含泪写下《哀互生》一文，文中说："他本来是一副铜筋铁骨，黑皮肤衬着那一套大布之衣，看去像个乡下人。他什么苦都吃得，从不晓得享用，也像乡下人。他心里那一团火，也像乡下人。那一团火是热，是力，是光。他不爱多说话，但常常微笑；那微笑是自然的，温暖的。在他看，人是可以互相爱着的，除了一些成见已深，不愿打开窗户说亮话的。他对这些人却有些憎恶，不肯假借一点颜色。世界上只有能憎的人才能爱；爱憎没有定见，只是毫无作为的脚色。互生觉得青年成见还少，希望最多；所以愿意将自己的生命一滴不剩而献给他们，让爱的宗教在他们中间发荣滋长，让他们都走

朱自清（前排右二）在春晖中学与师生合影

朱自清在春晖中学与友人合影

向新世界去。互生不好发议论，只埋着头干干干，是儒家的真正精神。我和他并没有深谈过，但从他的行事看来，相信我是认识他的。"

在春晖中学执教时，朱自清还有一次重要的旅行——和匡互生一起率春晖中学学生旅行团去杭州旅游。10月29日下午，他们专门到西子湖畔雅致的湖楼，晤谈俞平伯。湖楼又称俞楼，是俞平伯曾祖父俞樾的故宅，典型的江南建筑，庭院里叠石假山、花草茂盛，十分优美。此时俞平伯小家就住在湖楼，两位好朋友相见，聊得十分开心。聊什么呢？可能聊朱自清即将出版的诗文合集《踪迹》，也可能聊二人合编的《我们的七月》。这本杂志是朱自清和俞平伯两人一手打造出来的，由上海亚东图书馆出版。杂志中收朱自清散文五篇，诗两首。朱自清在拿到杂志后，非常喜爱，不忍释手。也可能探讨、策划明年再出一本《我们的六月》。就是谈谈春晖中学的《春晖》也是有可能的。总之，率团出游本来就是快事，再加上这次湖楼晤谈，朱自清在杭州五六天的游玩，必开心至极。

朱自清从杭州回到春晖后，继续教书作文，写了《第三人称》《团体生活》等文章，特别是后者，可能是朱自清这次率团出游的有感而发，谈及一部分中等学校的学生一盘散沙的现状。该文强调了进行教育的重要性和必要性，并从具体操作上阐明了群体教育的内容、特点和步骤。这篇文章就发表在

《春晖》上。当天晚上，朱自清在家宴请了夏丏尊、刘叔琴、伍敏行等同事，大约也聊了"团体生活"和"群体教育"问题吧。从这一事上说明，朱自清和老师们对学生现状还是很担忧的。

没想到这种担忧以别样的形式体现了出来——11月下旬，春晖中学发生了风潮。起因大约是这样的：一天早晨，学生黄源出早操时，戴了一顶黑色的绍兴毡帽（其实不算什么）。体育教师说不成体统，勒令拿掉帽子。黄源不从。师生发生争执。事后，校方坚持要处分黄源。担任训育主任的匡互生站在学生一边，建议不处分黄源，但力争无效，愤而辞职，返回上海。此事激怒了学生，举行罢课，以示抗议。校方立即开除了二十八名领头的学生并宣布提前放假。此举引起教员公愤，结果教员集体辞职。夏丏尊专任宁波浙江省立第四中学教职，丰子恺、朱光潜、刘薰宇、刘叔琴、方光焘等辞职后，先后赴上海。

这次风潮，给童话般美丽的白马湖蒙上一层阴影，也给朱自清的内心带来较沉重的创伤和打击。朱自清没有像其他教师那样辞职，并不代表他不愤怒，没立场，他无疑是站在辞职的老师一边的，也同情被开除的学生。但由于家累（武钟谦已怀有身孕），又由于多年不断的迁徙，他实在没有力量再搬家了。1925年1月30日朱自清写信给俞平伯说："春晖闹了风潮，我们彷徨了多日，现在总算暂告结束了，经过的情形极繁……此后事甚至乏味。半年后仍须一走。"随后流露出想去北京的意思："我颇想脱离教育界，在商务觅一事，不知如何？也想到北京去，因从前在北京实在太苦了，好东西一些不曾吃过，好地方有许多不曾去过，真是白白住了那些年，很想再去仔细领略一回。若有相当机会，尚乞为我留意！"这封信说得十分明白了，一是想进入上海的出版界，因上海有他不少朋友。二是想去北京，信上所说内容固然也对，恐怕还是想和北京的俞平伯及北大的诸多师友会合吧。机会出现在1925年暑假里的8月，清华学校设立大学部，请胡适推荐教授，胡适推荐了俞平伯。而俞平伯出于种种考虑，暂不愿出城去清华教书，便向胡适推荐了朱自清。就这样，朱自清得到了来自清华的聘书。在去北京转道上海时，叶圣陶、王伯祥、刘大白、丰子恺、方光焘等人趁着夜色送他到火车站。一到北京，朱自清便住在了俞平伯的家里，还和俞平伯一起去访问了老师周作人。朱自清在俞平伯家一直住到9月1日，才移住清华中文部教员宿舍古月堂6号。而他一家老小还住在白马湖畔的春晖中学。朱自清入清华不久，写下了一首诗：

我的南方，
我的南方！

那儿是山乡水乡！

那儿是醉乡梦乡！

五年来的徬徨，

羽毛般地飞扬！

……

这是朱自清 1925 年初到清华时的一首诗。"五年来的徬徨"，终于"羽毛般地飞扬"了。但真的能飞扬吗？南方给朱自清带来了成功、兴奋，也带来了纠结和哀怨。南方是他踏上社会的第一站，匆匆五年，如果仅从创作上讲，他确实是成功的，许多重要的作品都写作于这一时期。南方五年，交谊也是成功的，他结识了一生中重要的朋友，如俞平伯、叶圣陶、郑振铎、丰子恺、朱光潜等人。但工作（或事业）能否算得上成功呢？漂泊不定，生活窘迫，几乎每年都要迁徙，时时都为金钱操心，耗费了大量的精力和时间，也耗费了他的才智和心智。而他虽然离开了南方，夫人还率一家数口留在白马湖边。

由"她"引起的"你我"及其他

1924年7月初，刚一放暑假，朱自清就从白马湖取道上海，去南京参加中华教育改进社第三届年会了。上海有他许多熟悉的老朋友，没有好好玩玩，也没有拜访报馆、杂志社和出版社，没有和友人下馆子喝酒，可见南京的这次会议，还是让他足够重视的。

这次会议有讨论环节，朱自清也旁听过一次，恰巧那次是关于"他、她、牠"的讨论，引起了朱自清的兴味。会议结束后，朱自清没有回白马湖的春晖中学，虽然那里有他诸多的文朋好友，可以谈文论道，但他更惦记着远在温州的家小，便直接回到了温州的家里，即动手写作这次年会的见闻《旅行杂记》。文章分为三个部分，第一节为《殷勤的招待》，第二节为《"躬逢其盛"》，第三节的《第三人称》，就是记录那次讨论的花絮，颇有意思，主要段落如下：

　　那一次所议的是"采用他、她、牠案"（大意如此，原文忘记了）；足足议了两个半钟头，才算不解决地解决了。这次讨论，总算详细已极，无微不至；在讨论时，很有几位英雄，舌本翻澜，妙绪环涌，使得我茅塞顿开，摇头佩服。这不可以不记。

　　其实我第一先应该佩服提案的人！在现在大家已经"采用""他、她、牠"的时候，他才从容不迫地提出了这件议案，真可算得老成持重，"不敢为天下先"，确遵老子遗训的了。在我们礼义之邦，无论何处，时间先生总是要先请一步的；所以这件议案不因为他的从容而被忽视，反因为他的从容而被尊崇，这就是所谓"让德"。且看当日之情形，谁不兴高而采烈？便可见该议案的号召之力了。本来呢，"新文学"里的第三人称代名词也太纷歧了！既"她""伊"之互用，又"牠""它"之不同，更有"佢""彼"之流，窜跳其间；于是乎乌烟瘴气，一塌糊涂！提案人虽只为辨"性"起见，但指定的三字，皆属于也字系统，俨然有正名之意。将来"也"字系统若竟成为正统，那开创之功一定要归于提案人的。提案人有如彼的力量，如此的见解，怎不教人佩服？

讨论的中心点是在女人，就是在"她"字。"人"让他站着，"牛"也让它站着；所饶不过的是"女"人，就是"她"字旁边立着的那"女"人！于是辩论开始了。一位教师说："据我的'经验'，女学生总不喜欢'她'字——男人的'他'，只标一个'人'字旁，女子的'她'，却特别标一个'女'字旁，表明是个女人；这是她们所不平的！我发出的讲义，上面的'他'字，她们常常要将'人'字旁改成'男'字旁，可以见她们报复的意思了。"大家听了，都微微笑着，像很有味似的。另一位却起来驳道："我也在女学堂教书，却没有这种情形！"海格尔的定律不错，调和派来了，他说："这本来有两派：用文言的欢喜用'伊'字，如周作人先生便是；用白话的欢喜用'她'字，'伊'字用的少些；其实两个字都是一样的。""用文言的欢喜用'伊'字"，这句话却有意思！文言里间或有"伊"字看见，这是真理；但若说那些"伊"都是女人，那却不免委屈了许多男人！周作人先生提倡用"伊"字也是事实，但只是用在白话里；我可保证，他决不曾有什么"用文言"的话！而且若是主张"伊"字用于文言，那和主张人有两只手一样，何必周先生来提倡呢？于是又冤枉了周先生！——调和终于无效，一位女教师立起来了。大家都倾耳以待，因为这是她们的切身问题，必有一番精当之论！

她说话快极了，我听到的警句只是，"历来加'女'字旁的字都是不好的字；'她'字是用不得的！"一位"他"立刻驳道："'好'字岂不是'女'字旁么？"大家都大笑了，在这大笑之中，忽有苍老的声音："我看'他'字譬如我们普通人坐三等车；'她'字加了'女'字旁，是请她们坐二等车，有什么不好呢？"这回真哄堂了，有几个人笑得眼睛亮晶晶的，眼泪几乎要出来；真是所谓"笑中有泪"了。后来的情形可有些模糊，大约便在谈笑中收了场；于是乎一幕喜剧告成。

看来会场的讨论既开放又热闹，而且单独地听其中某人的一面之词，也有道理。而每一方的论点，又经不住推敲，引来多种声调的反驳也就很正常了。甚至讨论到最后，各执己见的双方都不再严肃，有点玩闹的意思了。

朱自清的饶有兴味的记叙，看是记录这次会议的花絮，实际上，关于文法方面的问题是否已经进入他的思考范围也未可知。但从朱自清此后的文章中，特别是进入中年以后，他关于文法和语言文字方面的研究和议论渐渐多了起来。1932年，朱自清借评论穆时英的短篇小说集《南北极》和张天翼的翻译小说《小彼得》时，写了一篇《论白话》的文章，从胡适提倡白话文运动说起，说到周作人文章中所吸收的欧化和日化的方法对白话文的贡献，再以两篇小说为例，对白话写作的语言进行论述，虽浅尝辄止，朱自清能够关注白话文，并议论哪一种白话文适合文学创作，在这方面，是做出了有益的尝试的。

到了1933年，距《旅行杂记》的写作九年之后，朱自清已经是清华大学很有名气的教授了，他在暑假中读了《马氏文通》，又读了杨遇夫先生的《高等国文法》和刘半农先生的《中国文法讲话》以及胡适之先生《文存》里的《尔汝》篇，通过这些书的阅读，对于人称代名词有些不成系统的意见，便把读上述书籍的阅读笔记略加整理，写成了他的随笔名篇《你我》。该文从人们日常交往的层面上，论述了称呼的重要性，把"你、我、他"在不同场合的不同称呼都列数、概说了一遍，古代的，现在的，南方的，北方的，外国的，不同时期的，城里的，乡下的，不同行业的，行文有理有据，事例生动，叙述有趣，既可当作学术随笔来阅读，又可当作生活散文来欣赏，甚至可以当成称呼的指南。这也体现了汉语言的复杂和多重的功能性。

《你我》之后，在语言、修辞上的文章渐渐多了起来，从已经出版的几部著作看，《语文零拾》《标准与尺度》《论雅俗共赏》《语文影及其他》都收录相关的文章，比如在《语文零拾》里，就有《修辞学的比兴观》《中国语的特征在哪里》《中国文学与用语》《日本语的欧化》《日本语的面目》《调整你的语调——与为人》等，这些文章，有的是为朋友的修辞学专著写的书评，有的是周作人在日本关于中国白话文学兴起后的现状的谈话，都是朱自清极感兴趣的话题，写起来也得心应手。有的文章，其观点到现在也不过时，比如《调整你的语调——与为人》一文，阐明了写作文章时其调性及其重要意义，调子起砸了，这篇文章大体也就废了，就好比一首音乐的起调，调子起不好，这出演奏就演砸了。同理，文章中的语言叙述的调性，牵扯到整个文章的语感、节奏、韵律等。在《标准与尺度》里，这方面的文章有《论通俗化》《论标语口号》《论低级趣味》《语文学常谈》《鲁迅先生的中国语文观》等。《论雅俗共赏》里，也有几篇谈语言的文章，如《歌谣里的重叠》《禅家的语言》《论老实话》等。而《语文影及其他》里的"语文影"一辑，就是专门谈语言了，如《说话》《沉默》《撩天儿》《如面谈》《人话》《论废话》《很好》《是喽嘛》《不知道》《语中有鬼》等，这些短论，每一篇谈一个主题，是很好的学习语言文字的基础材料，特别是在白话文学还没有成熟的 20 世纪二三十年代，这些文章，对于初学写作者真会有很大的帮助。

朱自清关于语言文字的文章，在写作时间的跨度上，有十数年之久，尽管是在各种情形下写出来的，写作的目的也各不相同，我却有一种感觉，和 1924 年南京之行参加中华教育改进社第三届年会有一定的关联。1924 年的朱自清年轻气盛，和俞平伯一起合办杂志，用现今的话说，就是办民间同人刊物，每期都要有大量的作品，加上在创作上是有野心的，诗歌、小说、散文、评论等都写，但同时，对于语言文字、方言俚语也同样有兴趣。否则，南京之行，如果一定要写文章，可写的东西太多了，他不会只写三则花絮，也不会在仅有的三则花絮里，专写一篇关于"他、她、牠"的现场讨论。关于"她"字，是朱自清的老师刘半农发明的，前后经过以及各种争论，朱自清当然早就知道了，而且在当时，已经约定俗成了代指女性的第三人称。让朱自清感兴趣的，是他们发言中的那些引申，那些丰富多彩的衍义，这正是中国语言的魅力。当时只是作为谈笑记录下来，看是无心插柳，却是有意为之。所以此后多年，他在这方面的研究收获颇丰，也就不足为奇了。

一篇《义战》引发的感怀

　　《义战》是俞平伯的一篇文章，发表在 1924 年 9 月 14 日出版的《时事新报·文学》版上。这篇文章给朱自清带来了很深的触动。

　　由于家小都在温州，1924 年暑假，朱自清在先去南京参加中华教育改进社第三届年会后，又转道上海待了几天，因为开会时路过上海没有好好玩玩，回程再经过上海便开了"玩戒"，和王伯祥、郭绍虞、沈雁宾、叶圣陶、郑振铎、俞平伯、周予同等作家和出版界的友人欢聚几次后，才回到温州的家里，准备在温州度暑假。

　　这时候的朱自清，家庭经济遇到了相当大的困难。朱自清教书挣的钱并不多，再加上时局动荡，学校开开停停，工资没有保证全额发放，所挣稿费也是杯水车薪，朱自清常常借债养家。其间发生过一件事，可见朱自清的窘迫。1924 年 7 月 10 日，他和朴社同道在上海聚餐，王伯祥在日记里说："佩弦今日由宁返沪，绍虞、颂皋或将于明日赶到，平伯则今晚必来，于是我们朴社同仁想趁此聚会，作一度进行的商榷了。那晚聚餐，或者有些好的结果。"12 日，在商量了朴社的事之后，朱自清没有像俞平伯那样去住旅馆，而是住在叶圣陶的家里。这一方面说明朱叶关系好，另一方面也和经济有关。朱自清回到温州之后，又和家人待在一起了。虽然生活仍不富足，但毕竟一家人聚在一起，心情不错，看看书，写写文章，访访朋友，并准备为俞平伯的新诗《忆》写序，日子也还波澜不惊。不久之后上海的周予同来温州办事，写信告诉了朱自清，朱自清于 8 月 2 日早上去拜访周予同。到了 8 月 18 日，周予同来回访，二人聊得特别投机，不觉到了饭点。但是朱自清家里实在拿不出像样的菜肴来招待好朋友，更不要说请馆子了。送走周予同之后，朱自清很难过，觉得对不起朋友。转眼到了 9 月，朱自清实在撑不住了，致信周予同，请求退出朴社，原因就是交不起那一月十块钱的费用。朴社也随之解体。朴社的解体，是不是和朱自清退社有关，无从考证，但说没有一点牵连怕是也不切实际。仅从这一件事上，就可说明朱自清不到实在无计可施的时候，是不会不顾及朋友的情面而退出朴社的。

至于上海的朴社解体后，俞平伯、顾颉刚在北京又邀请范文澜、潘家洵、吴维新、冯友兰等人重组了朴社，这已经是后话了。

朱自清这年的暑假并不轻松，可以说五味杂陈、百感交集。学校要开学了，9月5日乘船离开温州去宁波前，和武钟谦道别时，忍不住流下泪水。几天后9月13日，在宁波大风雨中，吟出了伤感的诗句："万千风雨逼人来，世事都成劫里灰。秋老干戈人老病，中天皓月几时回？"这天正是中秋节，本应该和家人团聚，却因为生活所困，自己奔波在外，只能在凄风苦雨中枯坐书房，独想心事，家事国事天下事不觉涌上心头。而近期充斥于大小报纸上的关于"直奉"军阀间的明争暗斗的消息和要开战的各种小道新闻也让他心头焦虑。

几天之后，即9月17日，朱自清在闲翻报纸时，突然看14日出版的《时事新报·文学》版上有一篇俞平伯的文章《义战》。好朋友的文章，朱自清照例是要细读的。这一读不打紧，勾起了朱自清的许多感想，让他心潮起伏、思绪难平，对俞平伯的文章观点表示不同意，遂写下较长的批语：

> 前两日读《申报》时评及自由谈，总觉他们对于战事，好似外国人一般，偏有许多闲情逸致，说些不关痛痒的，或准幸灾乐祸的话，我深以为恨。昨阅平伯《义战》一文，不幸也有这种态度！他文中颇有掉弄文笔之处，将两边一

笔抹杀。抹杀原不要紧，但说话何徐徐尔！他所立义与不义的标准，虽有可议，但也非全无理由，而态度亦闲闲出之，遂觉说风凉话一般，毫不恳切，只增反感而已。我以为这种态度，亦缘各人秉性和环境，不可勉强；但同情之薄，则无待言。其故由于后天者尤多。因如平伯，幼娇养，罕接人事，自私之心遂有加无已，为人说话，自然就不切实了。我呢，年来牵于家累，也几有同感！所以"到民间去"，"到青年中去"，现在我们真是十分紧要！若是真不能如此，没想亦有一法，便是"沉默"。虽有这种态度，而不向人言论，不以笔属文，庶不至引起人的反感，或使人转灰其进取之心；这是无论如何，现在的我们所能做的。

那么，俞平伯这篇文章是如何写成的呢？又究竟在《义战》里说些什么？孙玉蓉编纂的《俞平伯年谱》里有这样的概括：

作者曾收到叶绍钧来信，说他很关心战报并不是有避祸之心，只缘胸中有正义梗着，看了报纸以后就不免生些闲气。俞平伯为叶绍钧的话所动，于是"大变常态，化沉默为晓晓然"，作了《义战》一文。作者分析了战争与正义的三种关系："第一说，义非战，战非义；义中无战，而战中无义。""第二说，战非义，应战则义。""第三说，有战义，有战不义。就是说有正当理由的战是义；反之，非义。"作者解释"义战"的含义，云："义战"是正当的战。正当是单纯的战争，即除战争直接所生影响以外，不发生其他残暴行为的。他说："我们不当妄拟一个绝对的善或义而拿来考核一切的事故。我们只可就现存的诸事实中，求出一个比较逼近绝对的善或义来。无论善恶，有一分的实，即给它一分的名。这不但应合名理上的当然，而且也是事实上的当然。"不过"这终久是书生之见，少实行的可能的"。

朱自清的批语（实质是批评）有没有道理呢？

为了弄明白事情的前因后果，让我们从这次战事说起。

早在1922年，第一次直奉战争结束后，直系军阀首领曹锟、吴佩孚控制了北京政权。1924年5月，曹、吴又指使江苏、福建等省的直系军阀，消灭盘踞在浙江、上海一带的皖系势力。直系这边的军事力量，主要是由江苏督军齐燮元率5个师另5个旅近4万人，一部分部队沿沪宁铁路两侧钳击淞沪，另两个师防守溧阳、宜兴，伺机进攻长兴。皖系这边，首领段祺瑞一面联络奉军出兵进攻直军，一面命令皖系浙江督办卢永祥指挥第一、第二、第三军共4万余人，分别在淞沪、长兴地区和闽浙间的仙霞岭一带组织防御。9月3日战争爆发。这次战争，史称"齐卢之战"或"江浙之战"。战役打到9月7日这天，出现拐点，卢永祥命令第二军乘齐燮元部队的主力进攻淞沪之机，向驻守宜兴的齐部发起攻击，占领了宜兴以南的蜀山等地。齐燮元不得不从淞沪前线调兵回援。卢永祥所部进攻随即受挫，两军形成对峙。曹锟、吴佩孚闻讯，急忙调兵支援，命令福建督军孙传芳率闽、赣联军2万余人，于9月中旬从南向北进攻浙南，孙的师长彭德铨行动迅速，直抄卢永祥的后路。平阳首先被拿下，战火一下子就烧到了温州。温州老百姓于惊慌失措中纷纷逃难。

十多年前，我一度对连云港地方历史文化有些兴趣，研究号称"海州王"的白宝山。白宝山时任海州镇守使，统掌海州的军政大权，研究时发现，白宝山和他的部队也参加了这次"齐卢之战"，并亲率两个团赶赴前线，在1924年秋季出版的《申报》《晨报》等上海报纸上，常有几句话的消息：宜兴知事"23日来电，据探报警备队准明日进驻水口。白师与皖军会合，进占长兴，现至何处容续探再报。宜城秩序恢复"。"又据苏军23日战报，宜兴之白师之旅，已向长兴前进。"9月26日，《申报》有带标题的新闻《白宝山军队开驻宜兴了》，新闻说："自陈调元军队开赴浙省后，所有宜兴一带防务，苏齐即责成白宝山率领所辖军队驻守。白氏并奉苏齐之命任宜兴守备司令，现已分队驻扎于蜀山、和桥、宜兴等处。目下，宜兴秩序安绪……唯水路交通尚未能恢复原状云。"这里的"苏齐"即江苏齐燮元所部。白宝山长孙、北京大学教授白化文在《我所了解的白宝山和陈调元》一文中，也有一章《齐、卢之战》，对他的祖父白宝山参与的"齐卢之战"作了叙述：

> 齐燮元的地位本与我祖父、陈调元基本平等，彼此以兄弟相称，直属兵力也差不多。他是秀才出身，后来虽由李纯保送北京陆军大学，在那里混到毕业，但他的指挥能力很差，也未打过大仗。他是高度近视，外号"齐瞎子"。陈调元常调侃他说，齐燮元一次指挥演习，因近视看不清地图，把河流当成马路。部队开到那里，才知错误。流传有歌谣："齐瞎子，真胡闹，错把河流当大道。"齐燮元荣任师长的第六师，是他唯一的嫡系，可惜久驻六朝金粉地，沾染恶习甚多，战斗力极差。这支队伍早已不是清末吴禄贞当第六镇统制（民国初年"镇"改称"师"，"统制"改称"师长"）时练成的劲旅了。
>
> 因此，齐燮元一定要靠黄振魁、吴恒瓒、杨春普、陈调元、我祖父等哥几个保驾。以上这些人都是江苏各地区的镇守使，都有一个混成旅上下的力量。特别是陈调元和我祖父，是替他看北大门的，更是称兄道弟。齐因自己是知识分子出身，对我祖父骨子里是看不起的，对我祖父的

部队，也认为战斗力差。我祖父也但求保住海州，只要齐不太过问海州的事便可。所以，在齐卢之战初期，我祖父率所部仍在海州观察局势。

齐燮元向卢永祥争夺上海的统治权，引起齐卢之战。此战役自 1924 年 9 月 3 日开始，胶着于黄渡、浏河一带约四十天。吴佩孚以齐同为直系，派湖北陆军第五混成旅旅长张允明率部来援。后期，我祖父也率两个团开到嘉兴、宜兴一带，作为右翼。这时，孙传芳率领一万多名缺吃少穿无饷但有枪的穷兵由闽入浙，抄了卢永祥的后路。他一路招降纳叛，打过杭州时已发展到两三万人，自称总司令。齐孙两军在江浙交界处会师。我祖父所部正好与孙部毗邻，临时改受孙传芳指挥。这是我祖父与孙建立关系之始。孙派我祖父为进攻上海的先锋，齐派宫邦铎为先锋，张允明是吴佩孚派来的先锋，先后进迫上海。1924 年 10 月 13 日，卢永祥与淞沪护军使何丰林下台。孙传芳派我祖父代理淞沪护军使，已入上海市内；齐燮元派宫邦铎为上海镇守使，所部仅进入闸北；北洋政府又发表张允明为淞沪护军使，所部仅进入龙华。

白化文文中所说的"孙传芳率领一万多名缺吃少穿无饷但有枪的穷兵"，对朱自清一家造成了最直接的影响，就是温州被困，百姓逃难。而朱自清的家小正住在温州。

此时身在白马湖春晖中学的朱自清，已经在报上看到了军阀们的明争暗斗，心情本就很坏，在读了俞平伯的《义战》一文后，觉得俞文中的"闲适"的腔调是对老百姓的不负责，很不自在。自古"兵患"是"百灾"之首，最苦的自然是下层民众。俞平伯不疼不痒的文章触动了朱自清，随即写了此评。1924年9月23日，一直惶惶中的朱自清从宁波乘车去白马湖春晖中学洽谈任教事宜时，看到车中都是逃难的人群，十分挂念家人。24日收到武钟谦的信后，知道武钟谦仍生病，温州的风声十分紧张，下午就赶回宁波探听消息，第二天早上发电报到温州，晚上就得到武钟谦的复电，知道一家暂住温州十中，虽然还算安全，但仍然非常焦灼。

凑巧的是，关于这次"义战"的主角之一，江苏督军齐燮元，在朱自清1924年7月初参加的中华教育改进社第三届年会上，朱自清还目睹过这位军阀大员的"风采"，并在《旅行杂记》里做了讽刺：不一会儿，场中忽然纷扰，只见齐督军、韩省长来了，"空空的讲坛上，这时竟济济一台了。正中有三张椅子，两旁各有一排椅子。正中的三人是齐燮元、韩国钧，另有一个西装少年……这三人端坐在台的正中，使我联想到大雄宝殿上的三尊佛像；他们虽坦然地坐着，我却无端地为他们'惶恐'着。——于是开会了，照着秩序单进行。详细的情形，有各报记述可看，毋庸在下再来饶舌。现在单表齐燮元……的高论。齐燮元究竟是督军兼巡阅使，他的声音是加倍的洪亮；那时场中也特别肃静——齐燮元究竟与众不同呀！他咬字眼儿真咬得清白；他的话是'字本位'，是一个字一个字吐出来的。字与字间的时距，我不能指明，只觉比普通人说话延长罢了；最令我惊异而且焦躁的，是有几句说完之后，那时我总以为第二句应该开始了，岂知一等不来，二等不至，三等不到；他是在唱歌呢，这儿碰着全休止符了！等到三等等完，四拍拍毕，第二句的第一个字才姗姗地来了。这其间至少有一分钟；要用主观的计时法，简直可说足有五分钟！说来说去，究竟他说的是什么呢？我恭恭敬敬地答道：半篇八股！他用拆字法将'中华教育改进社'一题拆为四段：先做'教育'二字，是为第一股；次做'教育改进'，是为第二股；'中华教育改进'是第三股；加上'社'字，是第四股。层层递进，如他由督军而升巡阅使一样。齐燮元本是廪贡生，这类文章本是他的拿手戏；只因时代维新，不免也要改良一番，才好应世；八股只剩了四股，大约便是为此了。最教我不忘记的，是他说完后的那一鞠躬。那一鞠躬真是与众不同，鞠下去时，上半身全与讲桌平行，我们只看见他一头的黑发；他然后慢慢地立起退下。这其间费了普通人三个一鞠躬的时间，是的的确确的"。朱自清笔下如小丑的这位齐燮元，两个月后便带兵杀了过来，江浙沪一时烽火连天。战火直接烧到了朱自清一家的身上。

此时的温州已经乱成一锅粥，孙传芳手下的彭德铨所部，已经控制了温州，缺吃少穿无饷有枪的这些穷兵，所到之处都要大捞一笔。城乡居民恐慌万状，携儿挈女，四处奔逃。朱自清一家五口人，全靠武钟谦拿主意了，母亲上了年纪，三个孩子更是年幼，且举目无亲，身无分文。正当她们焦虑不安一筹莫展之时，从前的同事、画家、"十中"教员马公愚伸出了援手，帮助朱自清一家随他全家一起逃难。武钟谦和婆母草草收拾行李，手牵怀抱三个孩子，跟着马家坐一条租来的小船，逃到永嘉楠溪一个叫枫林的地方躲了起来。武钟谦什么都没带，只带了朱自清一箩筐的书。朱自清在《给亡妇》一文中，有过记录："你不但带了母亲和孩子们，还带了我一箱箱的书。"几天后，听说战势有所缓和，温州一带可能没有大战，武钟谦怕朱自清从宁波回来见不到家人心中着急，便要回去。马公愚担心，劝她再观察些时日，但武钟谦执意要回。马公愚便借给她十块大洋，并派一佣人护送朱自清一家回到了温州，家里不敢回，只得暂住在学校里。朱自清虽然知道一家暂时平安，仍放心不下，于26日再次往返宁波和上虞春晖中学，在春晖中学借了路费后，第二天即乘永宁轮赶往温州。可船到海门时，因战事吃紧，忽然停驶。朱自清不得不改道大荆，搭河船至温岭，又步行了一百多里路，在江厦又搭上一艘船，一直到30日晚间才到温州。朱自清虽然精疲力竭，但看到一家人平安无事，依然非常欣慰。武钟谦和孩子们更是欣喜若狂，围着朱自清问这问那，听朱自清讲述一路上的风雨兼程，所有的担心、辛苦，在这一刻都烟消云散了。

一家人就在温州十中暂住下来。朱自清亲历这次战事，更觉得亲情的难舍，便在心里暗下决心，一定要把一家接到自己身边。

"十中"校长金嵘轩知道朱自清回来后，特来拜访，他对朱自清说"十中"马上开学，希望朱自清能留下来任教。但朱自清因已经答应了春晖中学的聘任，只好婉言辞谢。在温州的几天里，朱自清主要是设法搬家。为了筹借搬家的费用，还要还清马家的欠款，朱自清只好把自己的一些物品抵押在小南门"长生库"当铺里，其中就有一件皮袍子。筹足了钱，还清了马家的欠款，朱自清率全家，于10月3日辞别温州的朋友，北上上虞。临行前，他很感激马公愚对他一家的照料，留下一信，说："先生于荒乱之际，肯兼顾舍间老少，为之擘画不遗余力，真为今日不可多得之友生！大德不敢言谢，谨当永矢弗谖耳！"

朱自清的人生际遇，让他不可能像俞平伯那样有一份安闲的心态。仅从短短的一个月的经历看，他也不能同意俞平伯《义战》的观点。挥笔写下的批语，实在也是朱自清一贯的人生态度。

关于这段批语，还有后续，抗战期间，朱自清随校南下，把书籍报刊和无法带走之物暂存在北平老君堂俞平伯家里。朱自清奔波在外，经济上不宽裕，特别是扬州老家，生活十分困难。朱自清写信给俞平伯，托他卖掉书刊，接济扬州老家。俞平伯在整理朱自清这批书刊时，无意中发现朱自清写的关于《义战》的评语，十分震动，内心久久难平，认为只有诤友才能说出如此真言。朱自清去世以后，俞平伯在多篇文章中提到朱自清的评语，在《关于〈义战〉一文——朱佩弦兄遗念》中，更是深情地说："会得佩弦昔年评语，却是一种胜缘，反若不忍遽弃。……词虽峻绝，而语长心重，对自己，对朋友，对人间都是这般的严肃。"又说："他责备我和责备自己一般地认真，像这样的朋友更从哪儿去找呢！"

　　俞平伯可能也没有想到，自己的一篇短文，却引起朱自清的如此看重，并深深地触动了朋友的心。

关于《山野掇拾》

　　1925 年 5 月 30 日这天，朱自清没有住在上虞白马湖畔的春晖中学家中，而是"躲在山坳一所屋子里"，潜心写作一篇书评。所评之书就是不久前才买到的游记《山野掇拾》。在散文集《你我》的序言里，朱自清透露说："写完是六月一日，到了学校里才知道那惊天动地的五卅惨案。这个最难忘记。"

　　《山野掇拾》的作者是孙福熙先生。1919 年朱自清还在北京大学读书的时候，孙福熙就在北京大学图书馆任管理员，是李人钊的重要助手。这期间，朱自清和他有没有交往不得而知。那时候朱自清勤奋苦读，读书之余学习写诗，准备早早赚够学分顺利毕业挣钱养家，依当时情况推测，即便知道有这么一位管理员，估计也是只有耳闻或见过面而没有实际的交谊吧。但经历了江南几年的颠簸和阅历增长之后，应该对创作《山野掇拾》的孙福熙有较多的了解，因为在这篇评论中，有这样的记述，比如朱自清曾在《晨报副刊》和《新潮》等报刊上读过孙福熙的文章，如《赴法国途中的漫画》等。孙福熙跟朱自清同龄，浙江绍兴人，字春苔，是鲁迅介绍他在北京大学图书馆任管理员的。孙福熙一边工作，一边在北大文史哲各系旁听了不少课，并受其兄孙伏园的影响，开始文学创作。鲁迅日记里第一次出现孙福熙，是在1919年11月19日："上午孙伏园、春台来。"这里的春台，即春苔（孙福熙）。1920年在蔡元培的介绍下，孙福熙赴法国留学，1925年回国。这本《山野掇拾》就是他1922年暑假期间，从里昂去Savoie乡村画画写生时，被法国的山村美景所感动，加上淳朴的乡民和异国的风俗，使他有感而发。短短二十多天的山村生活，给他留下了深刻的印象，并把这些印象倾注笔端，写成了一篇篇优美的乡村见闻。该书由新潮社1925年2月出版，上海北新书局发行。

朱自清读书庞杂，尤其爱读游记，在《"海阔天空"与"古今中外"》一文里直言不讳地说："我又爱读游记；这也是穷措大替代旅行之一法，从前的雅人叫做'卧游'的便是。从游记里，至少可以'知道'些异域的风土人情；好一些，还可以培养些异域的情调。前年在温州师范学校图书馆中，翻看《小方壶斋舆地丛钞》的目录，里面全（？）是游记，虽然已是过时货，却颇引起我的向往之诚。'这许多好东西哟！'尽这般地想着，但终于没有勇气去借来细看，真是很可恨的！后来《徐霞客游记》石印出版，我的朋友买了一部，我又欲读不能！近顷《南洋旅行漫记》和《山野掇拾》出来了，我便赶紧买得，复仇似的读完，这才舒服了。"

无疑，朱自清十分欣赏这本书，在书评的开头，就直接抒怀："现在是初夏了，在游记里可以看见烂漫的春花，舞秋风的落叶……——都是我惦记着，盼望着的！这儿是白马湖；读游记的时候，我却能到神圣庄严的罗马城，纯朴幽静的 Loisieux 村——都是我羡慕着，想象着的！游记里满是梦：'后梦赶走了前梦，前梦又赶走了大前梦'，这样地来了又去，来了又去，像树梢的新月，像山后的晚霞，像田间的萤火，像水上的箫声，像隔座的茶香，像记忆中的少女，这种种都是梦。"在一通绵密的抒情后，朱自清开始回忆他在中学时读过的康更甡的《欧洲十一国游记》（康更甡即康有为，字更甡，现通作更生），以及后来又读到的中国文人所著的《洛阳伽蓝记》和《水经注》，这些游记，或"记诸寺的繁华壮丽"，或记"风土人情""山川胜迹"。这才转到读《山野掇拾》上来，朱自清认为，和那些描写风景全貌的记游文字不同，《山野掇拾》只写"大陆的一角"，"法国的一区"，"并非特著的胜地，脍炙人口的名所；所以一空依傍，所有的好处都只是作者自己的发见"。

接下来，朱自清开始条分缕析地解读《山野掇拾》。

首先，朱自清借用古人在核桃上雕刻船只、芝麻粒上刻着"天下太平"这样精细入微的雕刻，来形容作者描写的细腻和准确，认为孙先生是用"工笔"之法在描写，"乍看岂不是淡淡的？缓缓咀嚼一番，便会有浓密的滋味从口角流出！你若看过瀼瀼的潮露，皱皱的水波，茫茫的冷月，薄薄的女衫，你若吃过上好的皮丝，鲜嫩的毛笋，新制的龙井茶，你一定懂得我的话"。仿佛朱自清也受到作者文字的感染一般，连评价的文字都这样流利华美。

其次，朱自清对于《山野掇拾》里描写的机智，又加以细密的阐述。他认为作者"收藏的本领真好"，能把收藏这样多的"虽然微末却珍异的材料"，如"慈母收藏果饵一样"偶尔"拈出一两件来，令人惊异地富有"。而孙先生所关注的也许只是平常之物，但"经他一收拾，便觉不凡了"。朱自清还认为孙先生的机智之处，在于他的叙述"含有理论的美""精研与圆密"，并且认为他的文，"几乎全是画"，"他的作文便是以文字作画！他叙事、抒情、写景，固然是画；就是说理，也还是画"。

再次，朱自清还认为孙福熙的游记有诗意。不仅是他自己在写生时看到或经历的一些事具有诗意，他所描写的风景也是诗，他所遇到的人也是诗，他所看到的柳树、飞溅的瀑布和黑色的蚂蚁也是诗。朱自清认为，作者是一直怀有美好的心来面对他遇到的一切的，这才觉得"一切的东西里都有意思，在习俗的衣裳底下，躲藏着新鲜的身体。凭着这点意思去发展自己的生活，便是诗的生活"。

最后，朱自清认为孙福熙的《山野掇拾》中含有哲学的意念。他举了原书 64 页的一段描写："我们住在宇宙的大乡土中，一切孩儿都在我们的心中；没有一个乡土不是我的乡土，没有一个孩儿不是我的孩儿！"朱自清认为这是最大的"宽容"，在这"未完的草稿"的世界中，虽还免不了疑虑与鄙夷，虽是在鄙夷人间的争闹，但他相信生命是有希望的。

孙福熙《山野掇拾》的出版前后，还有一段和鲁迅的交往，也可以一记——

《山野掇拾》书稿在法国完成后，即寄给孙伏园并拟在北京新潮社出版。新潮社是北京大学的文学社团，办有《新潮》杂志，朱自清早期的诗就发表在《新潮》上。新潮社后来发展壮大，出版"新潮社文艺丛书"，这本《山野掇拾》就列为丛书之一。这本书的出版，得到了鲁迅和孙伏园的大力支持，特别是鲁迅，更是身体力行，在 1923 年 8 月 12 日日记中写道："夜校订《山野掇拾》一过。"13 日日记又记曰："夜校订《山野掇拾》毕。"14 日日记曰："上午寄伏园信并还《山野掇拾》稿本。又附寄春台笺。"到了 1924 年 1 月，《山野掇拾》还没有印出来，鲁迅就已经预订了五部，准备分送好友。这都说明鲁迅是一直关注孙氏这本游记的，从另一方面也说明，鲁迅很喜欢这部书。1925 年 2 月，《山野掇拾》终于面世了，孙福熙这时已经回国并在北京，他专门送给鲁迅一本签名本，来感谢鲁迅对他这本书的提携和关心，在书上，孙福熙写道："豫材先生：当我要颓唐时，常常直接从你的语言文字的教训得到鞭策，使我振作起来；这次，你欲付印《山野掇拾》，也无非借此鼓励我罢了。我不敢使你失望，不得不重新做起；而我没有时候再来说这书中的缺点了。孙福熙。"这是一个奇怪的签名，写了整整一页。

该书封面由孙福熙亲自设计，且封面上还有他的一幅油画，书名和作者署名为毛笔行书体，也出自孙福熙手笔。书中还有孙福熙的插画四幅。朱自清在书评中，对书中的插图也很欣赏，并说"我最爱《在夕阳的抚弄中的湖景》一幅"。

在这里可以岔出一笔的是，孙福熙还为鲁迅的散文诗《野草》和翻译作品《小约翰》等图书设计了封面。《野草》的封面颇有特色，封面构图由乌云、闪电、风雨、溪流和顽强生长的野草组成，构成了一幅很有张力的画面。"野草"二字为鲁迅题写。《小约翰》的封面也风格独特，一个裸体儿童，正急急地行走在高山之下的大海边，天空乌云翻滚而来，即将掩盖悬挂在远天的月牙儿。

《山野掇拾》

《小约翰》

朱自清在写《山野掇拾》这篇书评之前的 5 月 9 日，已经写成了一篇长文《"海阔天空"与"古今中外"》。此时的朱自清，心情颇为复杂，一方面，春晖中学已经不是他刚来时的春晖中学了，去年末的那场风波之后，好友陆续离开了学校，有的进了位于上海江湾的立达学园，有的进入了出版界，当初可亲可敬的邻居们，如今也不知换作了谁。也难得听到孩子们的欢闹声了。可能平屋还在，小杨柳屋也在，但已经是"屋"是人非。而他本人也动了离开春晖中学甚至离开教育界的念头，想去出版界闯一闯天下了，毕竟他的好友叶圣陶、夏丏尊、郑振铎等人都在上海从事出版事业。他在年初给俞平伯的信中，直接就说想去商务印书馆。而在《"海阔天空"与"古今中外"》里，他干脆说："我做了五年教书匠了，真个腻得慌！黑板总是那样黑，粉笔总是那样白，我总是那样的我！成天儿浑淘淘的，有时对于自己的活着，也会惊诧。我想我们这条生命原像一湾流水，可以随意变成种种的花样；现在却筑起了堰，截断它的流，使它怎能不变成浑淘淘呢？所以一个人老做一种职业，老只觉着是'一种'职业，那真是一条死路！说来可笑，我是常常在想改业的；正如未来派剧本说的'换个丈夫吧'，我也不时地提着自己，'换个行当吧！'"那么我们可不可以说，朱自清写这篇书评，是为此后的谋求工作行个方便呢？书评和其他随笔不一样，毕竟和图书以及图书出版有点关联。总之，在 1925 年夏初的白马湖畔，在山间塘溪、湖畔传来的一片片蛙声中，我们知道，有一个 27 岁的青年作家，花费了三天时间阅读并写作了一篇其早期创作中的重要文章，为我们展示了他在书评写作方面的卓越才华。

血歌献给死难者

　　《血歌》是朱自清写于 1925 年 6 月 10 日的一首诗，副标题是《为五卅惨剧作》，本月 28 日，又饱含深情地写了一首《给死者》。这两首诗，都是献给在五卅惨案中死去的同胞的。

　　1925 年 5 月 30 日，朱自清一家安静地住在白马湖畔。朱自清为了写《山野掇拾》这篇书评，暂时在白马湖附近的山中找了一处房子躲了起来，潜心创作。两三天后的 6 月 1 日，当朱自清带着完稿后的《山野掇拾》下山回家时，才从报上和同事那儿听说在上海发生的惨案，十分震惊，也非常悲痛，一连数日不能安心，上海同胞的血一直在他心里流淌，发生在上海街头的一幕幕也一直激荡着他。接下来的几天，朱自清从报上关注上海的消息。在共产党人蔡和森、李立三、刘少奇等的领导下，6 月 1 日，上海举行了二十余万工人的总同盟大罢工，

五卅运动

五万学生罢课，市场上绝大部分商人参加罢市。本月 7 日，上海各界成立工商学联合会，提出向帝国主义交涉的 17 项条件，包括永远撤出驻沪的英、日海陆军，取消领事裁判权，惩办凶手等。五卅惨案的消息迅速传遍全国，各大、中城市纷纷罢工罢课，声援上海人民的反帝斗争。本月 10 日这天，朱自清的情感终于爆发，饱含激情地写下了这首《血歌》：

血是红的！

血是红的！

狂人在疾走，

太阳在发抖！

血是热的！

血是热的！

熔炉里的铁，

火山的崩裂！

血是长流的！

血是长流的！

长长的扬子江，

黄海的茫茫！

血的手！

血的手！

戟着指，

指着他我你！

血的眼！

血的眼！

团团火，

射着他你我！

血的口！

血的口！

申申詈，

唾着他我你！

中国人的血!

中国人的血!

都是兄弟们,

都是好兄弟们!

破了天灵盖!

断了肚肠子!

还是兄弟们,

还是好兄弟们!

我们的头还在颈上!

我们的心还在腔里!

我们的血呢?

我们的血呢?

"起哟!

起哟!"

朱自清以"歌"的形式,来声援上海人民反抗帝国主义的疯狂暴行。在诗中,朱自清反复吟咏"血是红的""血是热的",以此来增加气氛,把读者带入那血染的环境中,用短句的形式,倾吐愤怒。情感如火山爆发,江河决口,具有强烈的感情冲击力,既写出了中国人民敢洒热血、不畏强暴的气概,也勾画出了激烈残酷的血腥场面。然而,民众的血是不会白流的,抗争还会继续，正义终将得到伸张。在整篇作品中，作者以"血"为中心，"血是长流的""血的手""血的眼""血的口""我们的血呢？"就是在这么多的血中，发出了反对帝国主义的动员令。全诗全部采用口语、短句，读起来铿锵有力，具有一种强烈的情感律动和催人奋起的力量。

十几天以后，即本年6月19日，朱自清又写作了散文《白种人——上帝的骄子！》，通过回忆一次在上海乘电车受到白人儿童轻蔑的一件小事，表达对帝国主义的愤怒之情和自尊自强的思想。这种思想，可以说是五卅惨案发生后对帝国主义愤怒的一种延续。6月28日，上海方面和全国各地抗争的消息还在继续，朱自清的情感也没有平复，他再一次挥动手中的笔，写下了《给死者》一诗，依然是情感的喷发，依然是《血歌》式呼喊的继续：

> 你们的血染红了马路；
>
> 你们的血染红了人心！
>
> 日月将为你们而躲藏！
>
> 云雾将为你们而弥漫！
>
> 风必不息地狂吹！
>
> 雨必不息地降下！
>
> 黄浦江将永远地掀腾！

电线杆将永远地抖颤！

上海市将为你们而地震！

你们看全国的哀号！

你们看全国的丧服！

你们看全国颜面的沉默！

花将为你们失色，

鸟将为你们失音；

酒将不复在我们口中，

笑将不复在我们唇上！

仇敌呀！仇敌呀！——

来，来，来，

我们将与他沉沦！

我们都将与他沉沦！

朱自清虽然远在宁波乡下白马湖畔，心却和上海人民紧紧联系在一起，和全国人民同节拍、互共振，抒发着满腔汹涌着的愤懑情感，依然如江河决口，如火山爆发，发出战斗的强音。

朋友白采

有的作家会在文学史上留下大名，更多的作家不过是一颗流星，划过天际后，便消失无声。白采便是这样一个"消失无声"的作家。

白采因突发疾病死后，朱自清、俞平伯、丰子恺和夏丏尊都写过纪念文章，对他短暂的人生唏嘘不已，对他的才华表示欣赏，对他的死表示惋惜。

朱自清和白采是怎么"认识"的呢？

1929 年 5 月，已故青年诗人李芳的诗集《梅花》在上海开明书店出版，书前有朱自清写的一篇序。序的写作时间是 1924 年 2 月 23 日，其中有这样的文字："李君本是我在杭州第一师范时的学生，去年我来温州教书，他从故乡平阳出来，将他的诗集《梅花》交给我删改。我因事忙，隔了许多日子，还未动手。而他已于去年八月间得了不知名的急病，于一二日内死在上海！我不能早些将他的诗修改，致他常悬悬于此，而终不得一见，实是我的罪过，虽悔莫追的！"

朱自清的这篇序言，和白采就沾上了关系。

朱自清在散文《白采》里，说他和白采是"不打不成相识"，这里的"打"的"工具"，就是白采托俞平伯转给朱自清的一封信。朱自清又重复了《梅花》序言里的话："我是这样的知道了白采的。这是为学生李芳诗集的事。李芳将他的诗集交我删改，并嘱我作序。那时我在温州，他在上海。我因事忙，一搁就是半年；而李芳已因不知名的急病死在上海。我很懊悔我的徐缓，赶紧抽了空给他工作。正在这时，平伯转来白采的信，短短的两行，催我设法将李芳的诗出版；又附了登在《觉悟》上的小说《作诗的儿子》，让我看看——里面颇有讥讽我的话。我当时觉得不应得这种讥讽，便写了一封近两千字的长信，详述事件首尾，向他辩解。信去了便等回信；但是杳无消息。等到我已不希望了，他才来了一张明信片；在我看来，只是几句半冷半热的话而已。我只能以'岂能尽如人意？但求无愧我心'自解，听之而已。"

上述文字告诉我们这么几个信息：一是白采和李芳也是熟悉的，并且知道李芳已经将诗集交给朱自清删改了。二是白采并不知道朱自清的地址，却知道俞平伯的联系方式，才请俞平伯转信。三是白采写小说《作诗的儿子》，一来悼念好友，二来用来"讥讽"朱自清。四是朱自清虽然致白采一封长信，却没能得到白采的谅解或理解，只说了几句"半冷半热的话"。

那么，白采是何许人呢？

白采比朱自清和俞平伯都要大，出生于 1894 年 2 月 22 日，原名童汉章，字国华，一名童昭海。江西高安人，出身于富有人家，家里有店铺多间，有田产百顷。白采 1911 年从筠北小学毕业后，没有继续升学，选择自修苦读这条路。此后多年，大约是从 1915 年至 1918 年间吧，他几次离开家乡，学古时名士，漫游名山大川，写过不少诗章。1918 年重阳节前夕，因想念家人、惦念父亲而回到家乡高安，结束了三年的漂泊生活。回家后的白采，组织同学会，创办图书馆，做了许多有益的事，并受聘于高安县女子学校任教。1921 年创作白话小说《乞食》并发表在上海有名的《东方杂志》上。由于充满各种矛盾和纠纷的旧式家庭给他带来的烦恼，加之个人不幸福的婚姻，让他一度深感痛苦。1922 年春节后，白采再次离开家乡，这次他没有选择漫游，而是来到灯红酒绿的大都市上海。到上海后，为了避其行踪，改名白采（后又称白吐凤），凭着自身的努力和聪明，又考入上海美术专门学校专攻西洋画，学余则进行文学创作，新诗、小说都写，十分勤奋。1923 年底毕业后，在上海做过教员，也做过报刊编辑。白采在上海期间，和朱自清的好朋友刘延陵一家为邻居。因为创作上已经取得了不错的成绩，与创造社、文学研究会的许多作家都有交往，有的还很密切，就连郭沫若和他都有联系，和俞平伯更是书信不断。他的作品先后发表在《创造周报》《小说月报》《文学周报》《妇女杂志》等报刊上，仅小说就有十四篇之多。白采的作品看似写生活中的日常琐事，家长里短，锅碗瓢灶，其实是在反映一个家国的兴衰和时代的风云。作品中，有他对社会、对生活、对人生的严肃思考。1924 年，他写成著名的长诗《羸疾者的爱》。这是一首歌颂为生命的尊严而不惜献出生命的人的大诗，质朴、单纯而又充满力量。诗写好后，白采把它寄给俞平伯看。此后，白采于 1925 年秋天，到上海江湾立达学园任教员，时间不长，又应聘到厦门集美学校农林部任教。1926 年暑假期间，由于性情中的漫游风格，他到泸杭一带旅行了几天，数天后返回时，在毫无先兆的情况下，病逝于船上，其时船已到达吴淞口。

白采的死讯，是朱自清正在写作评论《白采的诗》时突然得知的。朱自清十分悲痛和惋惜，不得不放下手里的评论，写下《白采》一文。

如前所述，自从俞平伯转来白采关于李芳诗集的信后，朱自清和白采开始了书信往来。俞平伯在给朱自清的信中，也常说起白采，说他是个有趣的人。这是俞平伯和白采频繁通信中得出的结论。朱自清和他几次通信之后，也感受到了白采的

"有趣"。1924年春天，俞平伯应朱自清之邀，去白马湖游玩访友，还把白采的长诗带在身上。3月11日，俞平伯因要到宁波第四中学师范部讲演"中国小说之概要"，加上朱自清也要去四中上课，便陪同一起前往。在火车上，俞平伯先是请朱自清看他写的诗剧《鬼劫》，然后又一起和朱自清阅读白采的长诗《羸疾者的爱》。朱自清在《白采》的这篇回忆文章中是这样说的："我在车身不住的动摇中，读了一遍，觉得大有意思。我于是承认平伯的话，他是一个有趣的人。我又和平伯说，他这篇诗似乎是受了尼采的影响。后来平伯来信，说已将此语函告白采，他颇以为然。""颇以为然"大概是因为他和郭沫若通信中，郭也这样认为的，而白采也确实喜欢尼采的文章和文风。俞平伯这次出游结束回杭州后，接连和白采通信，仅从4月到6月的三个月中，就有五封信之多。信中，俞平伯还把朱自清要写一篇诗评的信息转述给了白采。在《白采》一文里，朱自清回忆说："我当时还和平伯说，关于这篇诗，我想写一篇评论；平伯大约也告诉了他。有一回他突然来信说起此事；他盼望早些见着我的文字，让他知道在我眼中他的诗究竟是怎样的。我回信答应他，就要做的。以后我们常常通信，他常常提及此事。"可惜诗评正在写作中，白采就因为意外而病逝了。

朱自清和俞平伯频繁和白采通信，主要是钦佩白采的才华，经过慢慢磨合，脾气也都互相有了了解，由互相适应，到互相景仰。到了后来，朱俞二人又想把他的长诗《赢疾者的爱》发表在《我们》杂志上。"我们社"是朱自清、叶圣陶、俞平伯等人成立的文学社团，成立时就决定出版同人刊物《我们》。俞平伯想把《我们》办得红红火火，采取开放的形式，发表文学界朋友的优秀稿件，便想到了白采的这首长诗。但白采狂傲的一面此时表露了出来，对俞平伯多次的好意不理不睬，并以"不愿传露"为由拒绝了俞平伯。还说，即使"必不得已第一次发表亦不欲假手他人"。这也算是白采"有趣"的个性之一吧。《我们》后来也就没办成。而此后一连出版了《我们的七月》和《我们的六月》，大约就是《我们》的"变形"吧，但《我们的七月》和《我们的六月》所发表的内容，则完全是朱自清和俞平伯两个人的文学作品了，以小品文、诗、书信为主打。

接着从关于《赢疾者的爱》的评论说起。朱自清虽然答应了白采写评论的事，但他事情实在太多了，繁忙的工作，劳心的家事，让他实在定不下心来写一篇关于白采的这首诗的评论，直到1926年才开始动笔。朱自清在《白采》一文中惋惜地说："但现在是三年以后了，我才算将此文完篇；他却已经死了，看不见了！他暑假前最后给我的信还说起他的盼望。天啊！我怎样对得起这样一个朋友，我怎样挽回我的过错呢？"

朱自清的真心痛惜，在俞平伯也是感同身受的。他也回忆了和白采几年的笔友生涯。在《〈与白采书〉跋语》里，俞平伯说："那时，我们尚互以'先生'称呼着，'甲子端午前一日'采来书曰：'平伯，我喜欢恰在夏历端午，你能接着我这张信，以后彼此把这先生两个字取消，好么？'以后便兄啊君啊乱叫起来。"关于白采，俞平伯始终未能相见。俞平伯在杭州，白采在上海，要想见一面并不难。俞平伯不是经常往返两地和在上海的叶圣陶、郑振铎等朋友见面吗？俞平伯"曾一度访他，而始终未见"。白采倒是爽快，曾在给俞平伯的信中说："当然我们的见不见不算事，久不见愈妙！因为不见反正也想见也。"说是这样说，在另一封信里，他还是流露出想见的意思："途远讯慵，所怀不易一一；何日把晤，尤萦驰系！若能作名山五岳之游，则当于足下携楄石，白眼青天而矣！梦思千里，慨叹以之！"俞平伯也不无感慨："尚无一见之欢，而已有人天之隔。以出世法言之，采君呢，应无所恨，惟在我，则决不能无所眷眷与怅怅的。"

其实，朱自清和俞平伯在上海时，"到西门林荫路新正兴里五号去访他：这是按着他给我们的通信地址去的。但不幸得很，他已经搬到附近什么地方去了；我们只好嗒然而归。新正兴里五号是朋友延陵君住过的：有一次谈起白采，他说他姓童……他的夫人和延陵夫人是朋友，延陵夫妇曾借住他们所赁的一间亭子间。那是我看延陵时去过的，床和桌椅都是白漆的；是一间虽小而极洁净的房子，几乎使我忘记了是在上海的西门地方。现在他存着的摄影里，据我看，有好几张是在那间房里照的。又从他的遗札里，推想他那时还未离婚；他离开新正兴里五号，或是正为离婚的缘故，也未可知。这却使我们事后追想，多少感着些悲剧味了"。（朱自清《白采》）

虽然俞平伯最终没能和白采相见一面，倒是朱自清和白采有过一次短暂的相见，朱自清在《白采》一文中说道：

……那是在立达学园我预备上火车去上海前的五分钟。这一天，学园的朋友说白采要搬来了；我从早上等了好久，还没有音信。正预备上车站，白采从门口进来了。他说着江西话，似乎很老成了，是饱经世变的样子。我因上海还有约会，只匆匆一谈，便握手作别。他后来有信给平伯说我"短小精悍"，却是一句有趣的话。这是我们最初的一面，但谁知也就是最后的一面呢！

去年年底，我在北京时，他要去集美作教；他听说我有南归之意，因不能等我一面，便寄了一张小影给我。这是他立在露台上远望的背影，他说是聊寄仁盼之意。我得此小影，反复把玩而不忍释，觉得他真是一个好朋友。这回来到立达学园，偶然翻阅《白采的小说》，《作诗的儿子》一篇中讥讽我的话，已经删改；而薰宇告我，我最初给他的那封长信，他还留在箱子里。这使我惭愧从前的猜想，我真是小器的人哪！但是他现在死了，我又能怎样呢？我只相信，如爱墨生的话，他在许多朋友的心里是不死的！

朱自清这篇《白采》正是写于上海立达学园，时间是1926年8月底。当时朱自清虽然人在清华教书，家还在白马湖。他是暑假探家回京时路过上海的，评论《白采的诗》写于8月27日。从文后署的写作地址推测，朱自清当时应住在立达学园。

白采的死给朱自清震动不小。从北大毕业这几年，朱自清奔波于江南多地教书，并不太顺利，一是家里负担重，经济上不能保障；二是社会上许多阴暗现象让他忧心。虽然发表了许多重要的作品，如《毁灭》《笑的历史》《桨声灯影里的秦淮河》《温州的踪迹》《匆匆》等作品，生活上却依旧十分贫困，在温州时，连请朋友吃饭的钱都没有，曾多次举债过日，搬家时，连路费都凑不齐，只好当了皮袄才上船。为了省下每月的会费，主动要求退出朴社。工作也不能保障，从浙江一师，到扬州八中，到中国公学，再到浙江一师，然后是台州、温州、白马湖、宁波，再到上海、温州、白马湖、北京（清华大学），仅从他奔波的路径看，也实在是够辛苦的，还经历了几次风潮，一度甚至想脱离教育界，托叶圣陶、茅盾等多人找工作都不能如愿（在清华任教也是俞平伯和胡适之间的偶然才成功的）。还有许多年轻朋友的死（新诗《挽歌》里的一师学生范尧深、青年诗人李芳、清华学生韦杰三等），又经历了五卅惨案、三一八惨案，这些都让朱自清伤怀难忘，所以才在客居上海立达学园的四五天内，写下两篇关于白采的文章。

为丰子恺漫画集作序写跋

朱自清先后为丰子恺的漫画集《子恺漫画》和《子恺画集》作序写跋，已经是他到达北京清华园后的事了，而丰子恺也于1924年末去了上海，参与创建立达学园。但是，毕竟朱自清和丰子恺的友谊是在白马湖畔建立的，而丰子恺的不少漫画，也是画于春晖中学，而此时朱自清家还在白马湖边。所以我们还是从白马湖畔说起。

在春晖中学里，朱自清家和丰子恺家相邻而居，两家关系非常好，常有往来，孩子们也常在一起玩耍。丰子恺在教学之余，依旧是作文画画。而他的漫画创作，更是越画越有味儿，朱自清在赏画之余，也经常就漫画话题和丰子恺畅聊一番。丰子恺能出版中国现代文艺史上第一本漫画集，在现有文字记载来看，确实是朱自清首先提出来的。朱自清到清华大学的第一个学期，即 1925 年下半年，在上海立达学园任教的丰子恺就把他结集准备出版的第一本漫画集《子恺漫画》的序言，请朱自清代作。朱自清不仅愉快地答应了，还以书信的形式，在信中透露了当初说到结集出版的建议："你总该记得，有一个黄昏，白马湖上的黄昏，在你那间天花板要压到头上来的，一颗骰子似的客厅里，你和我读着竹久梦二的漫画集。你告诉我那篇序做得有趣，并将其大意译给我听。我对于画，你最明白，彻头彻尾是一条门外汉。但对于漫画，却常常要像煞有介事地点头或摇头；而点头的时候总比摇头的时候多——虽没有统计，我肚里有数。那一天我自然也乱点了一回头。"朱自清说得很明白了，对于漫画的那点知识，也是在和丰子恺做邻居并一起欣赏竹久梦二和闲聊时，才懂得的一点皮毛。朱自清接着说："你可和梦二一样，将来也印一本……我之说这句话，也并非信口开河，我是真的那么盼望着的。况且那时你的小客厅里，互相垂直的两壁上，早已排满了那小眼睛似的漫画的稿；微风穿过它们间时，几乎可以听出飒飒的声音。我说的话，便更有把握。现在将要出版的《子恺漫画》，他可以证明我不曾说谎话。"可以这么说，朱自清对丰子恺创作艺术的判断非常准确，同时也是对朋友的欣赏和信任。虽然不敢说是朱自清的建议，才促使丰子恺要出版他的漫画集，至少，朱自清是第一个提议者是没错的。

朱自清所说的竹久梦二，本名竹久梦次郎，生于 1884 年，有"大正浪漫的代名词"和"漂泊的抒情画家"之称。1922 年丰子恺在日本留学时，在旧书摊上买得一本竹久梦二的《春之卷》画集，非常喜欢他的画风。丰子恺变卖祖产、跟亲戚拆借巨资去日本自费留学，主要就是学习绘画，学习西方绘画中的写实技法，而竹久梦二的绘画技法和艺术追求又正中丰子恺的下怀。所以在回国以后，丰子恺依然关注竹久梦二的作品。

　　20 世纪二三十年代的中国艺术界，文人画正在复兴，受到越来越多的有识之士的重视并大力提倡。丰子恺也从中认识中国传统文人画的意义，以西画构图，融合日本画的画趣，在西画的形体与东方的笔法中，体现诗意与人生感悟和生活情调。因此，丰子恺经过消化和吸收，很有创意地创作了一批极有生活情趣和个性风格的漫画。丰子恺曾在《绘画与文学》中说过："梦二的寥寥数笔，不仅以造型的美感动了我的眼，又以诗的意味感动我的心。"在《谈日本的漫画》中，又说：日本的画家，"差不多全以诙谐、滑稽、讽刺、游戏为主题。梦二则屏除此种趣味而专写深沉而严肃的人生滋味，使人看了感念人生，抽发遐想。"朱自清在和丰子恺经常的聚谈中，他这种思想自然也传递给了朋友，所以朱自清才在《子恺漫画》的序言中，对竹久梦二的漫画也赞赏有加："我想起初看到一本漫画，也是日本人画的。里面有一幅，题目似乎是《□□子爵の泪》（上两字已忘记），画着一个微侧的半身像：他严肃的脸上戴着眼镜，有三五颗双钩的泪珠儿，滴滴搭搭历历落落地从眼睛里掉下来。我同时感到伟大的压迫和轻松的愉悦，一个奇怪的矛盾！梦二的画有一幅——大约就是那画集里的第一幅——也使我有类似的感觉。那幅的题目和内容，我的记性真不争气，已经模糊得很。只记得画幅下方的左角或右角里，并排地画着极粗极肥又极短的一个'！'和一个'？'。可惜我不记得他们哥儿俩谁站在上风，谁站在下风。我明白（自己要脸）他们俩就是整个儿的人生的谜；同时又觉着像是那儿常常见着的两个胖孩子。我心眼里又是糖浆，又是姜汁，说不上是什么味儿。无论如何，我总是惊异；涂呀抹的几笔，便造起个小世界，使你又要叹气又要笑。叹气虽是轻轻的，笑虽是微微的，似一把锋利的裁纸刀，戳到喉咙里去，便可要你的命。而且同时要笑又要叹气，真是不当人子，闹着玩儿！"朱自清这段妙论，可谓把漫画的精髓全盘道出，看似在说对日本画家的作品的感受，实际上也是在肯定丰子恺的艺术追求。

朱自清的这篇序言，以给久别的远方朋友拉家常的形式，从当年在丰子恺家观画、聊画开始，肯定和赞赏了丰子恺的漫画成绩。实际上，在丰子恺的漫画还没有结集之前，朱自清就用实际行动在赞赏并支持丰子恺的漫画创作了——他在和俞平伯一起合办的杂志《我们的七月》里，就选用过丰子恺的漫画作为封面和插图，我曾在本书《关于〈我们的七月〉》一章中写到过这幅插图作品，即《人散后，一钩新月天如水》，文中称这幅插图："意境深远，平面中还运用了镜像原理，窗下、帘后，是人散去的空落，桌子上是散落着的空壶杯，窗外的远天上，就是那一钩新月了。细察这幅画，能给人以多重的联想，人生的，艺术的，生活的，都能让人从不同的方向产生共鸣。"这份杂志自然也落到当时的文学活动家郑振铎手里了。对于中国传统绘画艺术特别关注并不遗余力搜集整理的郑振铎，也非常关注丰子恺的绘画风格。所以当丰子恺在上海的立达学园教书时，正在做《文学周报》编辑的郑振铎干脆给他开了个专栏，并给这些画定了"子恺漫画"的标题，不仅使丰子恺一举成名，还首创了"漫画"这一名称和丰子恺在漫画创作方面的独特地位。后来朱自清和俞平伯分别出版《背影》和《忆》时，还分别请丰子恺做了插图。而朱自清收在《背影》里的插图，就是当年和丰子恺做邻居时，丰子恺以朱自清刚满4岁的女儿阿菜为原型画的画像，现场观画的夏丏尊看了也高兴，在画上题上"丫头四岁时，子恺写，丏尊题"的字样，成了文坛的一段佳话。所以说，丰子恺的漫画创作，虽然始于1922年他从日本回国后到春晖中学开始的，实际上，真正被欣赏、被艺术界接受，最终能顺利发表和结集出版，应该和朱自清有很大的关系。如果不是朱自清从温州省立十中来到宁波白马湖，也许丰子恺漫画家的名声，还要晚一点才能出来。所以朱自清才在序言最后肯定地说："你这本集子里的画，我猜想十有八九是我见过的。我在南方和北方与几个朋友空口白嚼的时候，有时也嚼到你的漫画。我们都爱你的漫画有诗意；一幅幅的漫画，就如一首首的小诗——带核儿的小诗。你将诗的世界东一鳞西一爪地揭露出来，我们这就像吃橄榄似的，老觉着那味儿。《花生米不满足》使我们回到惓懒的儿时，《黄昏》使我们沉入悠然的静默。你到上海后的画，却又不同。你那和平愉悦的诗意，不免要搀上了胡椒末；在你的小小的画幅里，便有了人生的鞭痕。我看了《病车》，叹气比笑更多，正和那天看梦二的画时一样。但是，老兄，真有你的，上海到底不曾太委屈你，瞧你那《买粽子》的劲儿！你的画里也有我不爱的：如那幅《楼上黄昏，马上黄昏》，楼上与马上的实在隔得太近了。你画过的《忆》里的小孩子，他也不赞成。"这就是朋友交谊的体己话了，爱的，自然要夸赞一番，不喜欢的，也毫不讳言，甚至对《忆》里的插图也"不赞成"。

没想到一年以后，丰子恺的第二本漫画集《子恺画集》的稿本又寄到朱自清手上了，这一次是"命"其作跋。朱自清对这本漫画中的工笔画更是赞赏有加，认为《子恺漫画》出版后，也有朋友评论说"诗词句图"部分比起"生活的速写来"，要"较有逊色"，所以这一集就专门是"生活的速写"了。同时，新集中还有"工笔的作品"，这些工笔的作品，"子恺告我，这是'摹虹儿'的。虹儿是日本的画家，有工笔的漫画集；子恺所摹，只是他的笔法，题材等等还是他自己的。这是一种新鲜的趣味！落落不羁的子恺，也会得如此细腻风流，想起来真怪有意思的！集中几幅工笔画，我说没有一幅不妙"。有了《子恺漫画》的打磨，《子恺画集》在吸收他人的基础上，更加突出了"子恺画风"的趣味，使他这一路数的漫画更趋成熟，已经形成了独特的艺术风格，这也是得到朱自清肯定的。丰子恺对于自己的绘画，在《我与手头字》一文里也做了简单的阐述："我的画不写细部，仅写大体。例如画人的颜面，我大都只画一张嘴，并非表现人只会讲话和吃饭，实因嘴是表情中最重要的部分，只描一张嘴已经够了。非但够了，有时眉、目、鼻竟不可描，描了使观者没有想象的余地，反而减弱人物画的表情。"这只是从技法上说的，从深层的社会意义上，丰子恺的漫画，确实开创了一代画风，对后世漫画影响很大，也有着许多深刻的意义。

　　朱自清自然也是欣赏他不断演进的画风的，特别是对于集子中燕子和杨柳树的描写，朱自清说："我们知道子恺最善也最爱画杨柳与燕子；朋友平伯君甚至要送他'丰柳燕'的徽号。

我猜这是因为他欢喜春天，所以紧紧地挽着她；至少不让她从他的笔底下溜过去。在春天里，他要开辟他的艺术的国土。最宜于艺术的国土的，物中有杨柳与燕子，人中便有儿童和女子。所以他自然而然地将他们收入笔端了。""丰柳燕"后来没有用起来，有些遗憾，少了文坛的一段趣闻谈资。但也说明，丰子恺对于杨柳和燕子是非常喜欢和热爱的，我们从他很多的画中，都能看到这方面的主题，比如《好鸟枝头亦朋友》《一枝红杏出墙来》《好花时节不闲生》《二月春风似剪刀》《日暮客愁心》《落日解鞍芳草岸。花无人戴，酒无人劝，醉也无人管》《楼上燕，轻罗扇，好风又落桃花片》等可谓举不胜举。这些画要么以杨柳配图，要么以燕子为主，要么燕子、杨柳都有，总之都很协调，都很美。之所以和杨柳、燕子结缘，丰子恺在散文《秋》中也有说明："我最喜欢杨柳与燕子。尤其喜欢初染鹅黄的柳叶。我曾经名自己的寓居为'杨柳小屋'，曾经画了许多杨柳燕子的画，又曾经摘取秀长的柳叶，在厚纸里裱成各种风调的眉，想象这等眉的所有者的颜貌，而在其下面添描出眼鼻与口。那时候我每逢早春时节，正月二月之交，看见杨柳枝的线条挂上了细珠，带了隐隐的青色而'遥看近却无'的时候，我心中便充满了一种狂喜……"把柳叶摘下来，裱在纸上作为画作的一部分，不敢说是丰子恺的首创，至少也能看出他的有心和大胆的创意。朱自清说他的画中有儿童和女子，这当然也是他的另一个主题了。朱自清也不吝赞美之词地说："第一集里，如《花生米不满足》《阿宝赤膊》《穿了爸爸的衣服》，都是很好的儿童描写。但那些还只是神气好，还只是描写。本集所收，却能为儿童另行创造一个世界。《瞻瞻的脚踏车》《阿宝两只脚，凳子四只脚》，才小试其锋而已；至于《瞻瞻的四梦》，简直是'再团，再炼，再调和，好依着你我的意思重新造过'了。我为了儿童，也为了自己，张开两臂，欢迎这个新世界！另有《憧憬》一幅，虽是味儿不同，也是象征着新世界的。在那《虹的桥》里，有着无穷无穷的美丽的国，我们是不会知道的！"又说："《三年前的花瓣》《泪的伴侣》似乎和第一集里《第三张笺》属于一类的，都很好。但《挑荠菜》《春雨》《断线鹞》《卖花女》《春昼》便自不同；这些是莫之为而为，无所为而为的一种静境，诗词中所有的。第一集中，只有《翠拂行人首》一幅，可以相比。我说这些简直是纯粹的诗。就中《断线鹞》一幅里倚楼的那女子，和那《卖花女》，最惹人梦思。我指前者给平伯君说，这是南方的女人。别一个朋友也指着后者告我，北方是看不见这种卖花的女郎的。"丰子恺画儿童和女人，大都有模特的。儿童就在身边，自己的孩子和朋友的孩子，都是天真烂漫的好孩子。丰子恺多次把自己的孩子作为漫画的主人公来呈现。1925年在上海立达学园教书的时候，勤于写作又编辑报刊的郑振铎到江湾的立达学园去访丰子恺，每每看到丰子恺刚刚画完并贴在墙上的画，看到画上主人公都是丰子恺的可爱的儿女们，就揭下来，拿回报馆制版发表了，其中就有《花生米不满足》《瞻瞻新官人，软软新娘子，宝姐姐做媒人》《阿宝两只脚，凳子四只脚》等名画。多年以后，郑振铎去杭州西湖边上去看丰子恺，两人喝酒时，还说到那时的趣事，丰子恺还专门把长大成人的几个孩子叫过来给郑振铎看看。郑振铎看到当年天真可爱的孩子们都长大成人了，十分开心，还拿手在桌子下边比画着说，那时候你们只有这么高。这个事就记录在丰子恺的散文《湖畔夜饮》中。所以在朋友来说，特别是像朱自清这样熟悉丰子恺家情况的朋友，看到瞻瞻、软软、阿宝这些可亲可爱的面容，当然是从内心里喜欢了。

丰子恺最早的两本漫画集，都请朱自清来作序写跋，我想不仅是因为他们友情深厚，有一年多的同事之谊和比邻而居，还有关于画作艺术的互相交流与探讨，更主要的，还是当年朱自清以最切实的行动，首先发表了他的漫画作品。虽然《我们的七月》只是朱自清和俞平伯合办的同人杂志，社会影响力并不大，但是在朋友间，还是很有号召力的，特别是他们的朋友都是叶圣陶、郑振铎、沈雁冰、夏丐尊、刘延陵等文坛生力军，朱自清和俞平伯的老师又是周作人、胡适、刘半农、钱玄同等一帮大师名流，为丰子恺这一绘画形式造势不小。而关于出版画集之事，又是朱自清首先提出来并得到丰子恺默认的，所以朱自清最了解丰子恺的漫画，在丰子恺看来，请朱自清写序作跋，再合适不过了。

余韵在江南

1

朱自清取道上海北上清华教书，是在 1925 年 8 月 22 日，他先在上海住了两晚，会见了叶圣陶、王伯祥、刘大白、丰子恺、方光焘等朋友后，于 24 日登上夜车出行，从此他成了一个清华人，并终身服务于清华了。

朱自清人虽在北京的清华大学任教，家却还在宁波上虞的白马湖畔。在湖边那所低矮而安静的小房子里，住着朱家的 6 口人，母亲、夫人武钟谦和长子迈先、长女采芷、次女逖先和次子闰生。1926 年 6 月底，清华大学放假，朱自清迫不及待地从北京出发到天津，再由天津乘通州海轮回白马湖探亲、过暑假。在这次海行中，朱自清此后也写有文章，即收在《背影》中的那篇《海行杂记》，描写了一路上的艰难和看到的诸多不良现象，字里行间透露出对底层民众的同情。6月29日这天，海轮到达上海，朱自清下船进入市区，入住二洋桥平安旅社。好朋友叶圣陶、王伯祥、胡愈之、郑振铎、周予同等事先已经得到消息，早已在陶乐春设宴等候。

陶乐春是一家有名的川菜馆，商务印书馆早年印制的上海餐饮指南一类书上就多次列有陶乐春，1925年11月24日《申报》发有一条消息，名曰《菜馆公会昨开同业会议》，消息中，陶乐春就被推选为公会两家"负责"之一。该菜馆在汉口路241号，很多文化人也被吸引而来，如鲁迅、郁达夫、叶圣陶等。据鲁迅日记记载，他至少有7次在陶乐春吃饭，如1927年10月3日，鲁迅和许广平刚到上海，就去陶乐春吃了一顿，同席的有北新书局的李小峰等文化人。同月16日，鲁迅日记曰："夜小峰邀饮于三马路陶乐春，同席为绍原及其夫人、小峰夫人、三弟、广平。"

叶圣陶等好朋友早早就在陶乐春订宴等候，而且都是当时上海文化界的精英和风云人物，可见对朱自清到来的重视。席间，少不了畅谈分别近一年的见闻和趣事，也会谈及各自的创作和收获。餐后意犹未尽，又分别去了卓别麟、北冰洋吃冷饮，这也是当年两家有名的冷饮店，鲁迅、郁达夫等人也经常光顾。

这次南回的朱自清，没有急于回白马湖家中，而是在上海待了好几天，一来要会会老朋友，二来也可能有一些文事要处理，像欢迎宴上的叶圣陶、王伯祥、胡愈之、郑振铎、周予同等人，都身兼作家和编辑的双重身份，交流当下创作界和出版界的形势也是有必要的。还比如1926年7月1日那天，朱自清在宾馆里接待了来访的刘大伯、任中敏，还有叶圣陶、王伯祥，肯定不仅仅是为了闲聊和喝酒，工作自然是第一要务，即便是闲聊和喝酒，也一定会和工作有关。同月3日下午，又和叶圣陶、王伯祥赴上海大戏院看了电影《美健真诠》，第二天上午，继续游玩，去了沙发公园，同行的有朱自清的妹妹朱玉华和叶圣陶、王伯祥、胡愈之、郑振铎、孙伏园等人。这次在上海的六七天，该见的朋友都见了，可谓收获很多。

2

1926年暑假期间，朱自清大都在白马湖畔的春晖中学家中度过，和母亲、夫人、孩子们在一起。其间也读书、作文，比如7月20日就写了一篇散文《飘零》，诉说了与友人W君相交的往事和对他的怀念。

W 即汪敬熙先生。汪先生是五四时期新潮社的成员之一，在《新潮》杂志上发表过小说和白话诗，出版有短篇小说集《雪夜》，曾得到过鲁迅的欣赏和肯定，他比朱自清早一年从北京大学经济系毕业，由于品学兼优，和罗家伦、段锡朋、康白情、周炳琳等五人一起，被蔡元培、胡适等人选送到国外留学，汪敬熙去了美国霍普金斯大学医学院学习生理心理学和神经生物学，获博士学位，回国后，1924 年被河南中州大学聘为心理学教授兼教育系主任。1926 年辞去教职，重返美国从事学术研究。朱自清可能是这次回家过暑假路过上海时，听朋友们说起了汪敬熙，才想起了和汪的交往，并萌生了写作这篇散文的念头。文章开头就说："我和 P 坐在他的小书房里，在晕黄的电灯光下，谈到 W 的小说。"这里的"P"不知道是谁。朱自清在这篇文章中，用了不少符号来替代人名和地名，比如北京大学，他用"P 大学"替代，《新潮》杂志，他用"《新生》"杂志替代。朱自清回忆说："我想起第一回认识 W 的名字，是在《新生》杂志上。那时我在 P 大学读书，W 也在那里。我在《新生》上看见的是他的小说；但一个朋友告诉我，他心理学的书读得真多；P 大学图书馆里所有的，他都读了。文学书他也读得不少。他说他是无一刻不读书的。我第一次见他的面，是在 P 大学宿舍的走道上；他正和朋友走着。有人告诉我，这就是 W 了。微曲的背，小而黑的脸，长头发和近视眼，这就是 W 了。以后我常常看他的文字，记起他这样一个人。有一回我拿一篇心理学的译文，托一个朋友请他看看。他逐一给我改正了好几十条，不曾放松一个字。永远的惭愧和感谢留在我心里。"从字里行间看出来，朱自清是顶佩服汪敬熙的。朱自清接着写道："我又想到杭州那一晚上。他突然来看我了。他说和 P 游了三日，明早就要到上海去。他原是山东人，这回来上海，是要上美国去的。我问起哥伦比亚大学的《心理学，哲学，与科学方法》杂志，我知道那是有名的杂志。但他说里面往往一年没有一篇好文章，没有什么意思。他说近来各心理学家在英国开了一个会，有几个人的话有味。他又用铅笔随便地在桌上一本簿子的后面，写了《哲学与科学》一个书名与其出版处，说是新书，可以看看。他说要走了。我送他到旅馆里。见他床上摊着一本《人生与地理》，随便拿过来翻着。他说这本小书很著名，很好的。我们在晕黄的电灯光下，默然相对了一会，又问答了几句简单的话，我就走了。直到现在，还不曾见过他。"在朱自清冷静的叙述中，一个爱读书的青年学问家，面目越发地清晰了："他到美国去后，初时还写了些文字，后来就没有了。他的名字，在一般人的心里，已如远处的云烟了。我倒还记着他。两三年以后，才又在《文学日报》上见到他一篇诗，是写一种清趣的。我只念过他这一篇诗。他的小说我却念过不少；最使我不能忘记的是那篇《雨夜》，是写北京人力车夫的生活的。W 是学科学的人，应该很冷静，但他的小说却又很热很热的。这就是 W 了。"这篇文章，在朱自清大量的散文随笔中，并不太引人注意，我却有特别的兴趣。在漫长的暑假里，朱自清可以做很多事，即便是写文章，也可以写写身边的风景，或写写在上海的见闻，哪怕写写上海的老朋友，也能有多篇文章问世，可他却偏偏写了一个记忆里和他友谊不是太深的校友，而且这个校友现在已经不再从事文学创作了。更让人奇怪的是，朱自清在这篇文章里还采用了平时不常见的字母来替代人名和地名，连杂志名也改了，除了《新生》是《新潮》外，《文学日报》很可能就是《文学周刊》。他采用这种形式又是因为什么呢？有兴趣的朋友可以做一些深入的探索。我的猜测，可能十分简单，就是汪敬熙先生此时已经再度去了美国，他不想让一般的读者知道有这么一个奇人，以免打扰他的研究。

写完《飘零》的一个多月后的 8 月 27 日，朱自清就写了那篇书评《白采的诗》，对白采的长诗《赢疾者的爱》做了细致的分析和批评。由于本书前文《朋友白采》里已有涉及，此处不再赘言。整个暑假里，朱自清只写了两篇文章，漫长的暑假他是如何打发的呢？根据他暑假过后所讲授的课程看，主要精力，应该放在读书上了，特别是从开设的课程以及关于拟古诗创作来看，古诗词方面，应该下了不少功夫。

3

朱自清到清华大学任教的第一个暑假就要结束了。1926 年
8 月 29 日这天，朱自清早早收拾行装，由白马湖出发，来到上
海，再次见到了叶圣陶。在这次会见中，叶圣陶邀请朱自清参
加第二天晚上在消闲别墅的宴会。

这次宴会，之所以在文学史上非常有名，是因为鲁迅于 8
月 30 日来到了上海，和鲁迅同行的，还有许广平。

据王伯祥日记云："公宴鲁迅于消闲别墅，兼为佩弦饯行。
佩弦昨由白马湖来，明后日将北行也。"王伯祥日记说明这次公
宴含有为鲁迅接风和为朱自清饯行的两层意思。出席这次公宴
的还有郑振铎、刘大白、夏丏尊、陈望道、沈雁冰、胡愈之、
叶圣陶、王伯祥、周予同、章锡琛、刘薰宇、刘叔琴、周建人
等，能凑齐这个阵容，恐怕也就鲁迅能有这个号召力吧。《鲁迅
日记》1926 年 8 月 30 日记曰："下午得郑振铎柬招饮，与三弟
至中洋茶楼饮茗，晚至消闲别墅夜饭……"

朱自清就是在这样一个特殊的时候，和鲁迅邂逅于消闲别
墅的宴会中，喝酒、漫谈，席间，主事的郑振铎少不了会介绍

鲁迅这次去厦门取道上海作短暂的停留，也会介绍朱自清从白马湖取道上海而北上清华，由于人多，私密的话未必谈及，但双方的印象应该都很深。

<h1 style="text-align:center">4</h1>

又一个学期过去了，时间很快就来到了1927年1月中旬，朱自清冒着刺骨的寒风再次南下。这次江南之行，他不再是回白马湖度假、过春节，而是搬家。朱自清没有选择坐船，而是乘上了津浦列车。在列车上，朱自清看着窗外萧条的田野和枯瘦、零落的树干，联想到这些年的奔波即将结束，就要和家人在北京团聚，心潮起伏，心绪难平，一连创作了三首《虞美人》词。

写旧体诗词，是朱自清到清华后新添的雅趣。在旧体诗词创作中，还写了许多首拟古诗词。所谓拟古诗词的创作，是朱自清近来的一个大工程。由于所担任的课程的需要，他要给学生讲中国旧诗，所开的课就有"李杜诗"，接下来准备开"古今诗选"课，拟编写的教材有《诗名著笺前集》《诗名著笺》和《古今诗选小传》等，这些课都要具备深厚的古典文学的基础。朱自清大学期间直至现在，一直从事新文学创作，旧体诗词基本没有写过，为了更深入地研究和了解旧体诗词的门径，他开始旧诗的写作，一上手，就是模拟古人，模拟名家名诗，1926年11月2日写了第一首《虞美人》之后，一发不可收，还请俞平伯当他的词曲"老师"，俞平伯还真的认真帮他改过词。

穿越寒冬的隆隆开动的列车，并没有阻碍朱自清的诗情。一首《虞美人》词如下：

烟尘千里愁何极，
镇日无消息。
可怜弱絮不禁风，
几度抛家傍路各西东。

一身匏系长安道，
归思空萦绕。
梦魂应不隔关山，
却又衾寒灯漏声残。

朱自清在归家的列车上，想起千里之外的夫人武钟谦和几个子女，引发了他的愁绪："一身匏系长安道，归思空萦绕。"匏系，出自《论语·阳货》："吾岂匏瓜也哉！焉能系而不食？"匏瓜系葫芦的一种。匏系的古意有羁滞的意思，比喻不为时用或无用之物。李商隐《为大夫安平公华州进贺皇躬瘅复物状》云："心但葵倾，迹犹匏系，伏蒲之觐谒未果，献芹之诚恳空深。"宋人秦观在《庆禅师塔铭》中说："出家儿当寻师访道，求脱生死，若匏系一方，乃土偶人耳。"朱自清词中的"匏系"，说的是自己一个人在北京教书，而把家人留在南方，自己对于家人而言，不是匏系又是什么呢？梦魂应不隔关山，在南去的列车上，朱自清写下这首拟古词，表达要把家人留在身边的愿望。而另一首《虞美人》更是直白了：

千山一霎头都白，
照彻离人色。
宵来陌上走雷车，
尽是摩挲两眼梦还家。

如今又上江南路，
乍听吴娃语。
暗中独自计归程，
蓦地依依怯怯近乡情。

时间真是很短啊，一霎间，头就白了。如霜的白发映照着匆匆的行人，在不分昼夜飞驰的火车上，无非是早日还家。又要踏上江南水乡的田时阡陌，又要听孩儿的吴侬软语，真的怕不习惯啊！快了，江南旧家越来越近了，心里一边计算着归家的时间，一边近乡情更怯，归来是何人？

> 三年相别还相见，
> 乍见翻难辨。
> 殷勤执手语丝长，
> 人世白云苍狗两茫茫。

> 君看我已非年少，
> 马足关河老。
> 与君意气一时深，
> 吸取眼前光景莫沉吟。

在这三首《虞美人》的末尾，分别落款为"1927年，南归津浦车中作""宁沪车中作""宁沪车中赠盛蘅君"。这后一首，就是赠"盛蘅君"的。盛蘅是谁？我没有查出来。

朱自清到达上海已经是1927年1月17日了。当天中午，不顾旅途疲劳，出席了叶圣陶、王伯祥、夏丏尊、章锡琛、李石岑、周予同、郑振铎、胡愈之、孙福熙等人的邀宴，酌酒快谈，相聚甚欢。在上海的几天间，朱自清还与章克标、金溟若等人见面谈事。章克标当时和叶圣陶、胡愈之、丰子恺等人轮值主编《一般》杂志，见他，可能也是关于稿件的事。这几天的上海滞留，朱自清知道，以后再来上海，就不是过访，而是专程了。

5

搬家这天是在 1927 年 1 月 24 日，朱自清一大家人先由白马湖到达上海，将迈先和逖先交由母亲带回扬州老家，自己携夫人和采芷、闰生乘船北上，于 25 日到达清华园。

直到这时候，朱自清才算真正告别江南。朱自清的人生，也真正翻开了新的一章。

从 1920 年 5 月北大毕业到浙江一师任教算起，至 1925 年 8 月底到达北京清华大学任教，满打满算五年零两个月时间，再算至 1927 年 1 月全家移离白马湖，也不过六年半多一点，在人生长河中，这个时间不算长，但是在朱自清五十一年的生命历程中，也不算短了，而这期间所取得的成就，特别是文学创作的成就，却占有相当重要的分量，他许多重要的作品，如《桨声灯影里的秦淮河》《毁灭》《匆匆》等，都是在这一时期创作而成的。许多终身的朋友，如叶圣陶、俞平伯、郑振铎、夏丏尊、王伯祥、丰子恺、胡愈之等也是在这时候结交的。江南的山山水水，滋润了朱自清的生活、交谊、思想和创作。如果生命分为几个段落的话，这一时期是他极其重要的人生历程。

附 录

关于《踪迹》

——《踪迹》新版编后记

《踪迹》全书大约编于 1924 年 6 月间。做出这种推断的原因是，朱自清在这年的 5 月 28 日所作的新诗《风尘——兼赠 F 君》，收入了《踪迹》一书中。7 月 2 日，他和方光焘一起从上海前往南京参加在东南大学召开的中华教育改进社第三届年会，其间的所见所闻，写成的一篇《旅行杂记》，没有收入《踪迹》，而收进了此后编辑的《背影》一书中。从 7 月 2 日开始，以后创作的所有作品，《踪迹》里都不再有其踪影。

《踪迹》是一部诗文合集。在此书出版之前，朱自清和周作人、俞平伯、徐玉诺、郭绍虞、叶圣陶、刘延陵、郑振铎等八人的诗歌合集《雪朝》，作为"文学研究会丛书"第九种，由商务印书馆出版。该书第一集就是朱自清的作品，共收新诗十九首，是朱自清早期诗作的代表作。朱自清是从 1919 年 2 月 29 日开始新诗创作的，当时是受同室室友的一幅画作所触动，有感而发地创作了《睡吧，小小的人》，并把这首诗投给了《时事新报》，于这年的 12 月 11 日发表了出来。其实朱自清尝试文学写作更早，据他在《关于写作答问》中回忆说："中学时代曾写过一篇《聊斋志异》式的山大王的故事，词藻和组织大约还模仿林译小说，得八千字。写成寄于《小说月报》被退回。稿子早已失去。那时还集合了些朋友在扬州办了个《小说日报》，都是文言，有光纸油印，只出了三天就停了。自己在上面写过一篇《龙钟人语》，大概是个侠客的故事，父亲讲给我听的。"朱自清到了北大上学之后，受到新文学运动的启蒙，对新诗感了兴趣，特别是《睡吧，小小的人》成功之后，增强了他新诗创作的信心，1919 年 11 月 14 日，又写作了新诗《小鸟》，此后便一发而不可收，在大学毕业前，创作了新诗十余首，部分作品发表在《晨报》《北京大学学生周刊》《时事新报·学灯》《新潮》等报刊上，还因此而加入了北京大学的新文化社团新潮社。新潮社时期的朱自清，"有一个和平中正的性格，他从来不用猛烈刺激的言词，也从来没有感情冲动的语调……他的这种性格，近乎少年老成，但有他在，对于事业的成功有实际的裨益，对于纷歧的异见有调和的作用"（孙伏园《悼佩弦》）。

　　1920 年 5 月大学毕业后，朱自清在新诗写作和文学翻译外，也尝试小说和散文的写作。我试着把《踪迹》的创作过程，分作两个阶段来简单谈谈。

从 1920 年 5 月到 1922 年 5 月，为第一阶段。在这短短两年的时间里，朱自清发表了翻译作品《异样的人》《源头》，杂论《自治底意义》《奖券热》《憎》《教育经费独立》《离婚问题与将来的人生》《中等学校的学生生活》，短篇小说《新年底故事》《别》，评论《民众文学谈》《短诗与长诗》《读〈湖畔〉诗集》，散文《〈越声〉发刊辞》《歌声》《失名〈冬天〉跋》《〈冬夜〉序》《〈蕙的风〉序》，等等，但写作最多、用力最多的还是诗歌，粗略统计一下，约有三十首，除一部分收入八人诗集中，余下大多收入《踪迹》里了。在这两年多时间里，朱自清做了充足的文学准备，从写作方面来说，他做了多种文体的尝试，还特别创作了两篇小说《新年底故事》和《别》，前者以第一人称，描写了一个叫"宝宝"的幼童，过新年的所见所闻；而后者描写了一个小学老师和他的妻子因生活所迫，刚刚相聚又不得不分手的故事，小说情感真挚，笔触委婉细腻，是一篇成熟的小说，发表在当时影响很大的《小说月报》第 12 卷第 7 号上，不久又收入"文学研究会丛书"第五种《小说汇刊》里，由商务印书馆于 1922 年 5 月出版。这篇小说一经发表和汇编后，就受到同行们的关注，茅盾在《评〈小说汇刊〉》一文中说："就我看来，《别》是一篇极好的小说，但一般人或许要说他'平淡'。"陈炜谟说得更直接一些，他在《读〈小说汇刊〉》中认为："他这篇《别》如他的诗一样，初看起来似乎平淡，但仔细咀嚼，就像吃橄榄一样，觉得有味了。他的悲哀，虽是天鹅绒样的悲哀，但在这世界人类没有绝灭以前，如雁冰先生所说，总不会灭掉的。"王平陵是亲眼看过他修改这篇小说的人，他在《三十年文坛沧桑录》里写道："……他的《别》在民九的初秋动笔，写完初稿后，隔了一些时候，取出看一遍，改动一下；再隔了好久，又仔细研究，修改。他常说：'时间是大公无私的批评家，凡经得起时间来淘汰的作品，发表出来，自己可以放心些。'那篇小说，仅七千多字，直到十月才算定稿。"从作品在《别》后的落款日期看，并不是"民九"的"十月"定稿，而是"民十"即1921年5月5日才写毕。在尝试各种文体写作而外，在这两年里，朱自清还结识了当时新文学创作界的多位重要人物，如俞平伯、叶圣陶、郑振铎、茅盾等，并成为终生好友。俞平伯曾这样回忆他和朱自清的最初交往："在杭州时，我开始作新诗，朱先生也正开始作，他认为我的资格比他老，拿他作的新诗给我看，他把他的诗名为'不可集'，用《论语》'是知其不可而为之欤'的意思，近似适之先生《尝试集》的含意。这个集名还是没有用，但我们的关系却一天一天地深了。"（《朱自清先生的治学与做人——俞平伯先生访问记》，萧离著）为什么朱自清的年龄比俞平伯大，还要认为俞平伯的"资格比他老"呢？这一方面是因为朱自清谦虚，另一方面，在北大，俞比朱高一届，发表作品，俞也更早一些。俞平伯所说的"在杭州"，即1920年秋季俞平伯和朱自清同在杭州浙江省立第一师范学校做老师时。因二人既是同事，又是不同届的同学，同时又都是新潮社的社员，同在《新潮》上发表作品，因此相谈极为投机，从此成为好友。朱自清与叶圣陶的认识始于1921年9月的中国公学，朱自清在《我所见的叶圣陶》里，回忆了和叶初次见面的情形：刘延陵"和我说：'叶圣陶也在这儿。'我们都念过圣陶的小说，所以他这样告我。我好奇地问道：'怎样一个人？'出乎我的意外，他回答我：'一位老先生哩。'但是延陵和我去访问圣陶的时候，我觉得他的年纪并不老，只那朴实的眼色和沉默的风度与我们平日所想象的苏州少年文人叶圣陶不甚符合罢了"。同样是因为共同的文学理想，又因为性格相近，二人也成了好朋友。又因为叶圣陶的关系，朱自清很快结识了郑振铎、茅盾等人。那几年，无论多么忙（在江浙一带的中学教书），朱自清都不会放过和他们相聚的机会，他们谈论创作，商讨集社，商量出版杂志。这些活动，为朱自清的创作和在创作界的地位打下了很好的基础。1921年4月，朱自清加入了文学研究会。1922年1月10日，朱自清和鲁迅、周作人、沈雁冰、叶圣陶、许地山、王统照、冰心、庐隐等十七人被《小说月报》聘为"本刊特约文稿担任者"。朱自清还积极参与创办《诗》月刊，他在《选诗杂记》一文中说："《诗》月刊怕早被人忘了。这是刘延陵、俞平伯、圣陶和我几个人办的；承左舜生先生的帮助，中华书局给我们印行了。"在这两年的创作里，《匆匆》要在这里重点谈一谈。这是朱自清创作的一首"散诗"，带有一些试验的性质。在创作这首"散诗"的前两日，朱自清给好友俞平伯写了一封信，信中在说"略略翻阅"康白情的诗集《草儿》后，联想到自己的创作，说："日来颇自惭愧。觉得自己情绪终觉狭小，浅薄，所以常要借重技巧，这真是极不正当的事！想想，很为灰心，拟作之稿，几乎想要搁笔——但因'敝帚自珍'底习气，终于决定续写了！以后颇想做些事业，抉发那情绪的错，因为只有狭小的情绪，实在辜负了我的生活了！"又说："日来时时念旧，殊低徊不能自已。明知无聊，但难排遣遣'回想上的惋惜'，正是不能自克的事。因了这惋惜的情怀，引起时日不可留之感。我想将这宗心绪写成一诗，名曰《匆匆》。本想写散文诗，故写得颇长。但音节词句太弛缓了，或者竟不是诗也未可知。待写完后再行抄寄兄看。"这两段议论，既显出朱自清要做一番事业的大家气象，也预告了要写作《匆匆》的动机。两天后的3月28日，朱自清在感叹时光飞逝的情绪中，完成了散文诗《匆匆》。《匆匆》发表以后，朱自清又给俞平伯去信，谈到了这首"散诗"：

《匆匆》已载《文学旬刊》，兄当已见着。觉可称得散文"诗"否？我于那篇大作当惬意，但恐太散文了！兄作散文诗，说是终于失败，倘不是客气话，那必是因兄作太诗而不散文，我的作恐也失败，但失败的方向正与兄反，兄谓何如？

圣陶来信，说现在短诗盛行，几乎有作必短诗，他有些疑惑。"以前并不见有这些东西。一受影响，而所得感兴，恰皆适宜于短诗，似乎没有这么巧。若先存了体裁的观念，而以感兴凑上去，则短诗便是'五律''七绝'了。"他的话很有道理。我想现在有些人或因为"短"而作短诗，贪便宜而做它。这种作品必没有集中的力量。但因受了影响，本能有许多感兴无适当的诗形表现的，可得了发泄的路子，这也许也是近来短诗盛行底一种原因。究竟由于那种原因的多，我可也难说明，兄谓如何？

我说《匆匆》，一面因困情思繁复，散较为适当，但也有试着散诗的意思。兄看我那篇有力竭铺张底痕迹否？

受到叶圣陶来信的影响，朱自清很快动手写了诗论《长诗与短诗》，并发表于1922年4月15日出版的《诗》第1卷第4号上，对叶圣陶信中的忧虑公开回复，针对诗坛短诗泛滥，而长诗奇缺的现状，具体分析了长诗和短诗各自的艺术特点，鼓励诗人以丰富的生活和强大的力量多写长诗。这篇诗论另一个意义，是进一步触发了朱自清的思考，为以后写作长诗《毁灭》做了铺垫。

以上是《踪迹》全书创作的第一阶段。第二阶段为1922年6月至1924年6月《踪迹》编定时，也是恰好两年。如果说第一阶段的重要作品是《匆匆》的话，第二阶段就是《毁灭》和《桨声灯影里的秦淮河》了。先来说《毁灭》。1922年6月，《雪朝》出版后，朱自清和俞平伯、郑振铎等朋友在杭州游玩，在美丽的西子湖畔畅游三天的朱自清，没有陶醉在湖光山色的风光中，反而更深地引发了他在写作《匆匆》时所萌发的情绪，陷入了更深层次的思考，加上对长诗短诗已有了自己的判断和评论，由此触发长诗《毁灭》的写作。在《毁灭》诗序中，朱自清说："六月间在杭州。因湖上三夜的畅游，教我觉得飘飘然如轻烟，如浮云，丝毫立不定脚跟。常时颇以诱惑的纠缠为苦，而亟亟求毁灭。情思既涌，心想留些痕迹。但人事忙忙，总难下笔。暑假回家，却写了一节；但时日迁移，兴致已不及从前好了。九月间到此，续写成初稿；相隔更久，意态又差。直至今日，才算写定，自然是没劲儿的！所幸心境还不曾大变，当日情怀，还能竭力追摹，不至很有出入；姑存此稿，以备自己的印证。"1923年3月10日，《小说月报》在第14卷第3号发表后，还由此引发了关于"人生"的讨论，许多人纷纷撰写文章。4月10日，朱自清也参与了讨论，在给俞平伯的信中说:"我们不必谈生之苦闷,只本本分分做一个寻常人罢。……这种既不执着,也不绝灭的中性人生观,大约为我们所共信。于是赞颂与诅咒杂作,自抑与自尊互乘,仿佛已成为没旨气、没旨趣的妄人了。其实我们自省也还不至于如此。但在行为上既表现不出来,说得好一点是'和光同尘',说得不客气些,简直是'同流合污'了。我们虽不介意于傥来的毁誉,但这样的一年一年地漂泊着,即不为没出息,也可以算得没味了。如何能使来年来月来日的生活,比今年今月今日有味些?这便是目下的大问题。"这时候的俞平伯,《红楼梦辨》已经由上海亚东图书馆出版,继续写作诗集《忆》里的部分篇章。在收到朱自清信后,也开始思索。一向温和的俞平伯,是这样评论《毁灭》的:"从诗史而观,所谓变迁,所谓革命,决不仅是——也不必是推倒从前的坛坫,打破从前的桎梏;最主要的是建竖新的旗帜,开辟新的疆土,越乎前人而与之代兴。"俞平伯还认为,朱自清的《毁灭》,即以技术而论,"在诗坛上,亦占有很高的位置,我们可以说,这诗的风格意境音调是能在中国古代传统的一切诗词以外,另标一帜的"。这时候的朱自清和俞平伯,可谓双星闪耀,在文学的各个领域施展自己的才华,颇有相互追赶的意思。就在《毁灭》发表不久,朱自清文学创作中的重要作品之一《笑的历史》,于 1923 年 4 月 28 日杀青。这篇小说,可以说是"人生"问题探讨的一个延伸,只是由诗而小说罢了。小说是以他爱人武钟谦为原型，用第一人称"我"，来讲述一个原本爱笑的善良女性，出嫁后遇到的种种烦恼，以笑为主线，由原来爱笑而不敢笑、最后不愿笑以至于厌恶笑的情感历程。小说描写的"我"的不少境遇，和他的散文《给亡妇》里武钟谦所受的委屈多有相似之处，让人读来唏嘘。朱自清由《匆匆》引发的关于时光飞逝而牵连出的关于人生哲学的讨论，历时近一年。其间虽然经历杭州至台州至温州的迁徙和颠簸，人该有怎样的"人生"一直都是朱自清思索的重要问题，创作上也基本围绕这一主题展开，从《毁灭》到《笑的历史》，所探讨的都是关于人该有怎样的人生。

1923 年 7 月末，朱自清和俞平伯一起利用暑假同游南京，在南京各处游览，临分手的时候，两人相约，各以"桨声灯影里的秦淮河"为题写一篇散文。1923 年 10 月 11 日，朱自清写毕散文《桨声灯影里的秦淮河》，这篇文章和俞平伯的同题散文，成为现代文学史上的佳话。《温州的踪迹》是分四部分以独立的文章形式写出来的，第一部分《"月朦胧，鸟朦胧，帘卷海棠红"》写于 1924 年 2 月 1 日；第二部分《绿》写于这年的 2 月 8 日；第三部分《白水漈》写于这年的 3 月 16 日；第四部分《生命的价值——七毛钱》写于这年的 4 月 9 日。四部分文章都分别单独发表过。《航船中的文明》写于 1924 年 5 月 3 日。最后补说一下下辑是散文《歌声》，该篇写于 1921 年 11 月 3 日。

《踪迹》里所收的新诗，除了部分收进《雪朝》里，其他写于1924年6月之前的新诗，全数收进集子里了。

《踪迹》分为两辑，上辑是新创作的新诗，下辑是新创作的散文。书名来源于《温州的踪迹》。从《踪迹》里，我们也能感受到朱自清创作路上的"踪迹"，除了第二辑里的四篇散文取材全部来源于奔波的旅行中的感想而外，部分诗作也同样和"踪迹"密不可分，比如《沪杭道上的暮》《笑声》《灯光》《独自》等，《复活》也是写于海门至上海的船中。

2018年3月30日写于燕郊

主要参考书目

朱乔森编:《朱自清全集》,江苏教育出版社 1988 年陆续出版。

姜建、吴为公著:《朱自清年谱》,光明日报出版社 2011 年 11 月第一版。

关坤英著:《朱自清评传》,北京燕山出版社 1995 年 10 月第一版。

朱自清、俞平伯、叶圣陶等著:《我们的七月》,亚东图书馆 1924 年 7 月版。

曹聚仁著:《听涛室人物谭》,生活·读书·新知三联书店 2007 年 8 月第一版。

曹聚仁著:《天一阁人物谭》,生活·读书·新知三联书店 2007 年 8 月第一版。

季羡林著：《清华园日记》，外语教学与研究出版社 2009 年 12 月第一版。

柳无忌著：《柳无忌散文选——古稀话旧》，中国友谊出版公司 1984 年 9 月第一版。

俞平伯、吴晗等著，张守常编：《最完整的人格——朱自清先生哀念集》，北京出版社 1988 年 8 月第一版。

浦江清著：《清华园日记　西行日记》，生活·读书·新知三联书店 1987 年 6 月第一版。

王保生著：《沈从文评传》，重庆出版社 1995 年 11 月第一版。

吴世勇编：《沈从文年谱》，天津人民出版社 2006 年 2 月第一版。

张菊香主编：《周作人年谱》，南开大学出版社 1985 年 9 月第一版。

朱自清著：《朱自清精品选》，中国书籍出版社 2014 年 6 月第一版。

林呐、徐柏容、郑法清主编：《朱自清散义选集》，百花文艺出版社 1986 年 8 月第一版。

朱金顺编：《朱自清研究资料》，北京师范大学出版社 1981 年 8 月第一版。

商金林编：《叶圣陶年谱》，江苏教育出版社 1986 年 12 月第一版。

陈武著：《俞平伯的诗书人生》，中国书籍出版社 2015 年 1 月第一版。

常丽洁校注：《朱自清旧体诗词校注》，人民出版社 2014 年 6 月第一版。

汪曾祺著：《汪曾祺文集》，广西人民出版社 2006 年 11 月第一版。

徐强著：《汪曾祺年谱长编》，稿本。

陈福康著：《郑振铎年谱》，三晋出版社 2008 年 10 月第一版。

黄裳著：《珠还记幸》，生活·读书·新知三联书店 2006 年 4 月第一版。

梅贻琦著：《梅贻琦日记 1941—1946》，清华大学出版社 2001 年第一版。

杨天石主编：《钱玄同日记》，北京大学出版社 2014 年 8 月第一版。

林徽因著：《林徽因的信》，群言出版社 2016 年 5 月第一版。

郁达夫著：《郁达夫日记》，广陵书社 2021 年 3 月第一版。

叶圣陶著：《叶圣陶集》，江苏教育出版社 1994 年 6 月第一版。

萧公权著：《萧公权文集》，中国人民大学出版社 2014 年 6 月第一版。

曹聚仁著：《我与我的世界》，人民文学出版社 1983 年 3 月第一版。

赵家璧著：《编辑生涯忆鲁迅》，人民文学出版社 1981 年 9 月第一版。

赵家璧著：《编辑忆旧》，生活·读书·新知三联书店 1984 年 8 月第一版。

赵家璧著：《回顾与展望》，山西人民出版社 1986 年 7 月第一版。

赵家璧著：《文坛故旧录——编辑忆旧续集》，生活·读书·新知三联书店 1991 年 6 月第一版。

朱乔森编：《朱自清爱情书信手迹》，江苏教育出版社 2001 年 2 月第一版。

徐强编：《长向文坛瞻背影》，广陵书社 2018 年 10 月第一版。

周锦著：《朱自清作品评述》，台北智燕出版社 1978 年 4 月版。

张漱菡著：《胡秋原传》，湖北人民出版社 2007 年 1 月版。

中华书局编辑部编：《学林漫录》（初集），中华书局 1980 年 6 月版。

丰子恺著：《丰子恺散文漫画精品集》，天地出版社 2018 年第一版。